Contrato Realidade no Direito do Trabalho

Jair Aparecido Cardoso

Graduado e Mestre em Direito pela Universidade Metodista de Piracicaba — UNIMEP. Doutor em Direito pela Pontifícia Universidade Católica de São Paulo — PUC — São Paulo. Professor da Faculdade de Direito de Ribeirão Preto — USP.

Contrato Realidade no Direito do Trabalho

2ª edição

LTr®

EDITORA LTDA.

Rua Jaguaribe, 571
CEP 01224-001
São Paulo, SP – Brasil
Fone: (11) 2167-1101
www.ltr.com.br

LTr 4649.6
Janeiro, 2013

Dados Internacionais de Catalogação na Publicação (CIP)
(Câmara Brasileira do Livro, SP, Brasil)

Cardoso, Jair Aparecido
Contrato realidade no direito do trabalho / Jair Aparecido Cardoso. — 2. ed. — São Paulo : LTr, 2013.

Bibliografia.
ISBN 978-85-361-2333-2

1. Contratos de trabalho. 2. Contratos de Trabalho — Brasil 3. Direito do trabalho 4. Direito do trabalho — Brasil 5. Trabalho e classes trabalhadoras I. Titulo.

12-13106 CDU-34:331.116

Índice para catálogo sistemático:

1. Contrato realidade : Direito do trabalho
34:331.116

À Sandra, companheira de todos os momentos,
e aos nossos filhos: Rafael, Nicholas e Fernando,
luzes e razão de nossa existência.

Sumário

Prefácio à 2ª Edição

Foi com alegria e satisfação que recebi o convite para prefaciar essa obra, fruto de relevante trabalho de pesquisa desenvolvido pelo professor Jair Aparecido Cardoso, da Faculdade de Direito de Ribeirão Preto da Universidade de São Paulo — USP.

O tema do contrato realidade é de grande importância no direito do trabalho, sendo marcante a influência doutrinária exercida pela obra do mexicano Mario de La Cueva em toda a América Latina, quando explicou a relação de trabalho como uma situação jurídica objetiva, estabelecida entre um trabalhador e um empregador, para a prestação de um serviço subordinado, qualquer que seja o ato ou a causa de sua origem.(1)

Exemplo claro dessa influência consta do texto do art. 442 da CLT ("*Contrato individual de trabalho é o acordo tácito ou expresso correspondente à relação de emprego*"), apontado por Cesarino Jr. como a demonstração de que o legislador brasileiro teria aderido à teoria anticontratualista.(2) No entanto, Arnaldo Süssekind relata que a referida norma legal refletiria uma solução de compromisso então assumida entre os membros da comissão elaboradora da CLT, sem prejuízo da prevalência da teoria contratualista.(3)

Com efeito, na própria Exposição de Motivos da CLT reconheceu-se algumas divergências "*de mero gosto polêmico*" que o texto legal teria ensejado, para concluir: "*o que os objetantes não alcançaram foi o deliberado propósito de se reconhecer a equivalência entre a 'relação de emprego' e o 'contrato individual de trabalho', para os efeitos da legislação social, correspondência essa que a escola contratualista italiana nega, exigindo a expressa pactuação. Na concepção do projeto, admitido, como fundamento do contrato, o acordo tácito, é lógico que a 'relação de emprego' constitui o ato jurídico suficiente para provocar a objetivação das medidas tutelares que se contêm no direito do trabalho em vigor*".

Na presente obra, o professor Jair volta a examinar a teoria do contrato realidade, sustentando a sua importância diante de diversas situações experimentadas na prática, em que procedimentos são adotados com a nítida intenção de fraudar a aplicação da legislação de proteção do trabalho.

São examinados alguns temas que estão muito presentes no quotidiano trabalhista no Brasil, como a desconsideração da personalidade jurídica, a ilicitude do objeto do contrato de trabalho, a terceirização, a intermediação do trabalho por meio de

(1) CUEVA, Mario de La. *El nuevo Derecho Mexicano del Trabajo*. México: Porrua, 1972. p. 185.

(2) CESARINO Jr., Antonio Ferreira. *Direito social brasileiro*. São Paulo: Saraiva, 1970. vol. I, p. 32.

(3) SÜSSEKIND, Arnaldo Lopes; VIANNA, José de Segadas. 30º aniversário da Consolidação das Leis do Trabalho. Belém: *Revista do TRT da 8ª Região*, 1973.

cooperativas, a solidariedade, a subsidiariedade e a sucessão, o estágio, o trabalho do adolescente.

Enfim, em boa hora a LTr Editora nos traz essas reflexões do professor Jair, que permitirão ao leitor reavivar o debate sobre questão teórica com imensa repercussão prática, e que jamais perde a atualidade.

Otavio Pinto e Silva

Advogado Trabalhista. Professor Associado do Departamento de Direito do Trabalho e Seguridade Social da Faculdade de Direito da Universidade de São Paulo – USP.

Prefácio à 1ª Edição

Muito me honrou o convite do Professor Jair Aparecido Cardoso para prefaciar esta sua primeira obra no mundo jurídico trabalhista.

Fruto de dedicada pesquisa, pacientemente realizada ao longo da brilhante carreira do advogado militante na área trabalhista, e professor da Universidade Metodista de Piracicaba — UNIMEP, este valioso trabalho revela, basicamente, a inquietude do autor, diante do intrigante tema do reconhecimento do contrato de emprego, sob o enfoque do princípio da primazia da realidade, tal como é este referido por Mário de La Cueva, na busca da caracterização do pacto laboral.

Contribuição das mais generosas, o estudo traduzido, com maestria, neste livro, resulta gigantesco, abordando toda a evolução histórica do trabalho como fonte de contrato, esmiuçando a doutrina e destacando cabedal de jurisprudência pátria sobre o assunto.

Certamente, será de muita valia aos operadores do Direito do Trabalho, no quotidiano das lides forenses, bem como servirá de norte aos acadêmicos de Direito, afetos a esse tão específico ramo da Ciência Jurídica.

Que esta primeira obra do jurista iniciante sirva-lhe de incentivo para novos brindes, com futuros trabalhos.

Piracicaba, outubro de 2001.

Luiz Antonio Lazarim
Desembargador Federal do
Trabalho do TRF-15ª Região

Prefácio à 1ª Edição

Muito me honrou o convite do Professor Jair Aparecido Cardoso para prefaciar esta sua primeira obra no mundo jurídico trabalhista.

Fruto de dedicada pesquisa, pacientemente realizada ao longo da brilhante carreira do advogado militante na área trabalhista, e professor da Universidade Metodista de Piracicaba — UNIMEP, este valioso trabalho revela, basicamente, a inquietude do autor, diante do intrigante tema do reconhecimento do contrato de emprego, sob o enfoque do princípio da primazia da realidade, tal como é este referido por Mário de La Cueva, na busca da caracterização do pacto laboral.

Contribuição das mais generosas, o estudo traduzido, com maestria, neste livro, resulta gigantesco, abordando toda a evolução histórica do trabalho como fonte de contrato, esmiuçando a doutrina e destacando cabedal de jurisprudência pátria sobre o assunto.

Certamente, será de muita valia aos operadores do Direito do Trabalho, no quotidiano das lides forenses, bem como servirá de norte aos acadêmicos de Direito, afetos a esse tão específico ramo da Ciência Jurídica.

Que esta primeira obra do jurista iniciante sirva-lhe de incentivo para novos brindes, com futuros trabalhos.

Piracicaba, outubro de 2001.

Luiz Antonio Lazarim
Desembargador Federal do
Trabalho do TRF-15ª Região

Capítulo I
O Trabalho Humano

1.1. Considerações preliminares

O homem, na sua evolução histórica, deixou diversas marcas registradas no tempo, caracterizadas por um denominador comum: a exploração do homem pelo próprio homem. É de Hobbes a máxima de que o homem é o lobo do homem. *Homo homini lupus* (de Cive — 1642). Em Rousseau, encontramos: "*O homem nasce livre e por toda parte encontra-se a ferros*". As máximas evidenciam que a relação social de subordinação é antiga e já foi objeto de reflexões por eminentes pensadores de todos os tempos, filósofos, historiadores, sociólogos, dentre outros.

Os historiadores, além de buscarem um referencial de origem, demonstram preocupação em focar as fases, distinguindo-as e justificando suas proposições, ao passo que na Sociologia já se observa uma preocupação com os fatos sociais motivadores das fases existentes, nessa intrincada e controvertida evolução social, dando-nos subsídios racionais para entender a lógica social de cada época. Na Filosofia, por sua vez, observa-se preocupação em refletir sobre a questão social, a natureza dessa relação, sua essência e existência. Tudo isso possibilita uma análise retrospectiva e prospectiva do trabalho humano, para se ter uma perspectiva desta atividade na sociedade do futuro.

Para justificar e entender os diversos pensamentos, não podemos deixar de destacar outros pontos de relevância observados nesse panorama: o papel do Estado, da Igreja e do Capital. A análise desses componentes, mesmo que de forma sintética, se faz necessária para melhor entender o sentido dessa relação social de subordinação de um indivíduo pelo outro.

O trabalho é um traço específico da espécie humana. Constitui-se numa atividade que é o objeto motivador e elo entre o tomador e o fornecedor desse trabalho. Em seu tratado sobre a sociologia do trabalho, Georges Friedmann lança, de início, uma indagação no sentido do que poderia ser entendido pelo termo trabalho, considerando que a busca dessa definição esclareceria o ponto perseguido em sua tarefa.(1) Seguimos suas pegadas, entendendo que a definição é de relevância também para o nosso estudo, considerando ser o trabalho humano o elemento caracterizador do vínculo que se estabelece entre os protagonistas dessa relação social.

Dedicamo-nos, pois, neste capítulo, a um ensaio sobre o tema em questão, para entender sua origem, definição, aspectos históricos e sociais que o envolvem, para facilitar a apreensão do objeto de nosso estudo, que tangencia a primazia dos fatos sobre a forma, quer seja no sentido de um princípio protetor, quer seja pela ótica obrigacional, ou seja, a primazia do trabalho sobre o capital.

---

(1) FRIEDMANN, Georges. *Tratado de sociologia do trabalho*. Vol. I. São Paulo: Cultrix, 1973. p. 19.

1.2. Origem etimológica

O vocábulo "trabalho" tem origem etimológica controvertida, sendo assunto discutido e obscuro até hoje, conforme nos ensinam os pensadores que se dedicaram ao assunto, nas diversas áreas do saber: Economia, Sociologia, Filosofia e Direito. Em seu estudo sobre a história do trabalho, Irany Ferrari nos traz subsídios importantes sobre a origem etimológica do vocábulo "trabalho"(2).

O trabalho teve sua concepção inicial como um castigo e como uma dor, e, ao que parece, esta concepção está ligada também ao sentido bíblico: "*(...) No suor do teu rosto comerás o teu pão*".(3) Por esta perspectiva temos que o primeiro castigo dado ao homem foi o trabalho.

Evaristo de Moraes Filho lembra que o termo grego que significa trabalho — *pónos* — tem a mesma raiz que a palavra latina *poena* — pena — e que em ambas está a mesma ideia de tarefa penosa, pesada, de fadiga e dor.(4) Há ainda o sentido de pobreza, destacado por Edgar de Decca, que veremos a seguir. Para Paulo Sérgio do Carmo, trabalho vem do latim *tripalium* "*nome do instrumento formado por três estacas utilizadas para manter presos bois e cavalos difíceis de ferrar*", que, no latim vulgar, significa "*pena ou servidão do homem à natureza*".(5)

Irany Ferrari também destaca em sua obra duas citações que, pela sua importância e íntima relação com o assunto, anotamos: o primeiro autor, Lucien Febvre, "*para quem a palavra trabalho veio do sentido tortura — 'tripaliare', torturar com 'tripalium', máquina de três pontas*". O outro autor, Pedro Felipe Monslau, entende "*que a origem etimológica geralmente admitida é do latim 'trabs', 'trabis', viga, de onde se originou em primeiro lugar um tipo trabare, que deu no castelhano trabar, etimologicamente obstruir o caminho por meio de uma viga (como embaraçar de barra); e logo depois outro tipo diminutivo de trabaculare, que produziu trabalhar.*"(6)

José Martins Catharino concorda que a origem da palavra comporta discussões e variada significação, mas tanto do ponto de vista etimológico como do histórico, a palavra "trabalho" teve sua origem ligada a algo penoso, desagradável, lembrando castigo, dor, fadiga. Para o autor, que firma sua convicção com base nos ensinamentos do padre Magne, "*a opinião dominante é a do famoso E. Littré: a raiz da palavra foi trabs, da qual resultaram tripalium e tripaliare*".(7)

Evaristo de Moraes Filho, acerca dos ensinamentos do padre A. Magne, conclui que, modernamente, em que pesem os debates e hipóteses distintas sobre o assunto,

---

(2) FERRARI, Irany. *História do trabalho, do direito do trabalho e da justiça do trabalho*. São Paulo: LTr, 1998. p. 14.

(3) Gênesis - 3, 17-19. Cf. mesmo sentido: Jó 5,7: *"Mas o homem nasce para o enfado" e, Ec 3,9: Que proveito tem o trabalhador naquilo com que se afadiga? Ec 3,13: "E também que todo o homem coma e beba, e goze do bem de todo o seu trabalho; isto é um dom de Deus."*

(4) MORAES FILHO, Evaristo de. *Introdução ao direito do trabalho*. São Paulo: LTr, 1971. p. 131.

(5) CARMO, Paulo Sérgio. *A ideologia do trabalho*. São Paulo: Moderna, 1998. p. 16.

(6) FERRARI, Irany. Ob. cit., p. 13.

(7) CATHARINO, José Martins. *Compêndio de direito do trabalho*. Vol. I, 3. ed. São Paulo: Saraiva. 1965. p. 39-40.

"trabalhar se prende ao neutro latim palum, fonte do português pau, através de um adjetivo tripalis, 'composto de três paus', de que se deduziu um neutro tripalium, apenas atestado em variante trepalium, 'ecúleo', cavalete de três paus, usado para sujeitar os cavalos no ato de se lhes aplicar a ferradura. (...). Desta concepção, passou tripaliare, alterado por assimilação em tripaliare, a dizer-se de toda e qualquer atividade, mesmo intelectual".(8) Entendidas as vertentes, cabe uma reflexão quanto à origem etimológica. Na Grécia antiga, a casta social melhor provida economicamente dedicava-se à reflexão, ao ócio contemplativo, ao passo que o trabalho era destinado à casta social menos privilegiada, composta por serviçais e escravos e dentre estes, por aqueles que eram feitos escravos por algum motivo, como forma de castigo, pena. Plagiando Rousseau, na guerra, o homem tinha a liberdade de escolher a morte como libertação ou a escravidão como condenação. Por este prisma, o sentindo dado ao trabalho, de origem do *tripalium*, se aproxima do sentido grego "pônos", que também não diverge do sentido bíblico: castigo, pena.

Nesse sentido, destaca-se que assim como a palavra trabalho comporta variada significação, ela pode ser também qualificada de diversas formas e empregada em sentidos diferentes, além do que, na cultura das mais diversas línguas, podemos encontrar outras palavras que a ela se referem com a mesma significação.

No grego, pode ser observada uma palavra para designar a atividade de fabricação e outra no sentido de esforço, além de outra ainda no sentido de pena, ao passo que, no latim pode ser constatada a ação do labor, através de *laborare*, e *operare*, do verbo correspondente a *opus*, de obra. No francês encontramos — *travailler*, *auvrier*, ou *oeuvrier* e *tache*; no italiano, *operare*; em espanhol, *trabajo*; *obrar*; no inglês, *labour* e *work*; alemão, *arbeit* e *werk*.

Na nossa cultura, o trabalho pode ser chamado de labor, tarefa, e serve para designar ofício ou profissão. É necessário então perquirir o seu objetivo, ou seja, buscar o seu significado ativo almejado.

Pode ser utilizado ainda em outros sentidos não ligados à atividade aqui perseguida: para o aluno, a lição de casa é um trabalho; o processo de nascimento pode ser designado por trabalho de parto, o terremoto pode dar muito trabalho.

Para Edgar De Decca, em seu estudo sobre "O nascimento das fábricas", o vocábulo "trabalho" também comporta divergências: "*Seja a palavra latina e inglesa labor, ou a francesa travail, ou a grega ponos ou a alemã arbeit, todas elas, sem exceção, assinalam a dor e o esforço inerentes à condição do homem, e algumas como ponos e arbeit têm a mesma raiz etimológica que pobreza (penia e armut em grego e alemão, respectivamente).*"(9)

Em que pese a origem controvertida, sociologicamente, sua tradição demonstra ser carregada de valores depreciativos e penosos, quando ligados ao conteúdo de emoção,

---

(8) MORAES FILHO, Evaristo de. *Op. cit.*, p. 131.

(9) DECCA, Edgar Salvadori de. *O nascimento das fábricas*. São Paulo: Brasiliense. 1998. p. 7-8.

mas não podemos deixar de considerar também o seu sentido de transformação, designado pela operação humana de transformação da matéria natural em objeto de cultura.

Ercílio A. Denny, em sua reflexão sobre o significado do trabalho humano, pontua: "*Mediante o trabalho, o homem não só transforma a natureza adaptando-a às próprias necessidades, mas realiza a si mesmo como homem e, em certo sentido, se torna mais homem.*" Para esse filósofo, a dimensão essencial do trabalho é o fato de que quem o executa é uma pessoa. Nos dias atuais, portanto, deve ser concebido como atividade humana de dignificação, de satisfação individual e coletiva, que respeita o "homem" nos limites da sua capacidade, respeitando os seus limites, direitos, como igual, como semelhante. "*Apenas o trabalho vivido conscientemente como ato da pessoa garante ao homem a afirmação da sua identidade e produz a realização da sua humanidade, o cumprimento da vocação para a pessoa, que lhe é próprio por motivo da própria humanidade.*" É em suas conclusões que ainda encontramos: "*Uma outra dimensão essencial do trabalho humano é a criatividade. O trabalho, como ato da pessoa humana, realiza o homem em si mesmo, sendo, além do mais, causa eficiente de riqueza e de bens, realiza, ao mesmo tempo, uma relação de prioridade do homem nos confrontos do mundo circunstante. Do mesmo modo como a pessoa precede o trabalho, assim também o trabalho precede os bens que este produz e os instrumentos dos quais se serve para produzi-los. Consequentemente, o trabalho humano não pode se subordinar ao capital, pela mesma razão pela qual a pessoa não pode se subordinar ao trabalho.*"(10)

Feliz a conclusão de Ercílio quanto à dimensão da criatividade do trabalho humano, ela rompe com os traços advindos da sua origem, para lançá-lo numa visão filosófica e futurística, na qual não há como não se conceber o trabalho como atividade humana de dignificação, e em cujo sentido não cabe também a sua destinação apenas para uma camada social menos privilegiada economicamente, como sendo mais um castigo, mais uma pena a ser suportada em razão da sua condição social. Todavia, o sentido da não subordinação, esta aliado ao de não escravização, pois, como veremos no momento oportuno, essa atividade humana, mesmo que autônoma, está subordinada à sua exploração e, por mais paradoxal que possa parecer, para garantir a dignidade humana, para garantir ao homem o direito ao trabalho, não podemos privar o homem do trabalho, sendo assim não podemos privá-lo do direito de ser explorado pelo seu semelhante. Pensamos, entretanto, que os limites e o sentido dessa exploração deverão ser elementos de constante evolução. Diante desse quadro, qual seria então a sua nova concepção? Para Evaristo de Moraes Filho, o conceito genérico de trabalho que abrangeria todos os ângulos possíveis, oriundos de diversos ramos do conhecimento humano, tais como Fisiologia, Psicologia, Economia, Direito e Filosofia, poderia ser definido como "*o objetivamente correlativo do impulso, isto é, a aplicação da força impulsiva a qualquer produção ou realização de um fim humano*".(11)

---

(10) DENNY, Ercílio A. *Ética & sociedade*. São Paulo: OpiniãoE. 2001. p. 235.

(11) MORAES FILHO, Evaristo de. *Op. cit.*, p. 132.

Nessa mesma vertente localizamos a afirmação de que o trabalho é inseparável do homem, da pessoa humana, e confunde-se com a sua própria personalidade, em qualquer de suas manifestações.

A história do trabalho se confunde com a história do próprio homem, embora seja cediço que na idade antiga não se tivesse uma palavra específica para designá-lo, mas a Antropologia cultural e social nos convence dessa íntima relação, identificando a ciência do trabalho com a própria Antropologia.

Após sua incursão no assunto, José Martins Catharino conclui que: "*O trabalho oriundo da pessoa humana, genericamente considerado, implica ação dirigida para obtenção de um resultado. É esforço vital, existência que se gasta produzindo movimento, para ser atingida determinada finalidade. Mas é também fato social (cultural, econômico, político e histórico).*"(12)

A força impulsiva ou a ação dirigida para a obtenção de resultado, a que se referem Evaristo de Moraes Filho e José Martins Catharino, respectivamente, não é necessariamente física, produto de uma ação dirigida sobre algo concreto, envolvendo também o produto da ação intelectual — pensamento e planejamento — com poder de transformação, de criação. Essa força precisa ser protegida como uma necessidade social, ao mesmo tempo em que deve ser reconhecida como direito do homem que a realiza. É nessa esteira que vem crescendo a sua concepção, e seu valor ganhando reconhecimento e tendo sua primazia em detrimento do capital, sem, contudo, desconsiderá-lo. A Declaração Universal dos Direitos Humanos, em seu art. 23, destaca: "*Todo homem tem direito ao trabalho, à livre escolha do emprego, a condições justas e favoráveis de trabalho e à proteção contra o desemprego. Todo homem, sem qualquer distinção, tem direito a igual remuneração por igual trabalho. Todo homem que trabalha tem direito a uma remuneração justa e satisfatória, que lhe assegure, assim como à sua família, uma existência compatível com a dignidade humana e a que se acrescentarão, se necessário, outros meios de proteção social. Todo homem tem direito a organizar sindicatos e a neles ingressar para a proteção de seus interesses.*"(13)

Decorre daí que o conceito metafísico de trabalho deve contemplar as relações com grupos e sociedades, além de outros contextos sociais que envolvam a atividade humana, para protegê-lo como uma necessidade social, ao mesmo tempo em que deve reconhecê-lo como direito do homem que o realiza.

1.3. Conceito

Por todos os ângulos que se olhe, a história do homem está intimamente ligada ao destino de sua força produtiva, desde as formas mais rudimentares até as de nossos dias, pois sem essa atividade não haveria a circulação econômica, o que, por via oblíqua, impediria a evolução social.

---

(12) CATHARINO, José Martins. *Op. cit.*, p. 40.

(13) Declaração Universal dos Direitos Humanos – 1948 – art. 23.

Forçoso convir que sem essa evolução também não haveria o reconhecimento do trabalho como propriedade do homem, em detrimento do homem como objeto de propriedade. Quando abordamos a força produtiva, referimo-nos ao trabalho humano, definido por Paulo Sérgio do Carmo como sendo "*toda atividade realizada pelo homem civilizado que transforma a natureza pela inteligência*".[14]

O autor também entende que essa atividade humana estabelece as bases das relações sociais, destacando, contudo, que "*vivendo no universo da mercadoria, o trabalhador também se torna mercadoria, distanciando-se dos outros homens e até de si mesmo*".[15]

Suas afirmações parecem estabelecer no trabalho humano uma relação de consumo, que colide com um dos princípios gerais da Constituição da Organização Internacional do Trabalho, que prevê que o trabalho não deve ser considerado como uma mercadoria ou um artigo de comércio. Do mesmo entendimento comunga a doutrina social cristã, que sublinhamos em tópico próprio.

Paulo Sérgio do Carmo traz em sua definição uma visão sociológica que guarda íntima relação com o quanto destacado até aqui, embora vista por outra ciência. Como veremos, existem diversas posições de enfrentamento desse mesmo assunto, embora em seu conteúdo sejam unânimes em ver esse produto como da atividade humana.

Por essa razão é comum a ciência econômica tratar o trabalho como mercadoria, ao passo que pela ótica social e no Direito do Trabalho, tal entendimento não deverá prevalecer, visto que o aspecto econômico é apenas um dos elementos que o caracterizam na relação de emprego, além do que este elemento seja também comum no trabalho autônomo.

No Dicionário do Pensamento Social do século XX, encontramos: "*Em sentido mais amplo, o trabalho é o esforço humano dotado de um propósito e envolve a transformação da natureza através do dispêndio de capacidades mentais e físicas.*"[16] Para Georges Friedmann, o trabalho merece ser considerado como traço específico da espécie humana, enquanto animal social — *zoon politikon* — que, "*ainda hoje, através da variedade dos complexos ecológicos, através das diversidades de ritmo na marcha do progresso técnico, de evolução na estrutura e no nível econômico das sociedades, se ocupa essencialmente do trabalho*". E arremata o autor: "*O trabalho é um denominador comum e uma condição de toda vida humana em sociedade.*"[17] Para Ercílio A. Denny, "*A chave essencial da 'questão social' está no trabalho humano. Para resolvê-la, há que se libertar o trabalho das diversas interpretações ideológicas e restabelecer seu genuíno significado humano. Sobre isto é que fundar-se-á uma nova solidariedade do mundo do trabalho. O fundamento para determinar o valor do trabalho humano não é, antes de tudo, o gênero de trabalho que se*

---

(14) CARMO, Paulo Sérgio do. *Op. cit.*, p. 15.

(15) *Ibidem*, p. 16.

(16) OUTHWAITE, Willian e outros (Org.). *Dicionário do pensamento social do século XX*. São Paulo: Jorge Zahar. 1996. p. 773.

(17) FRIEDMANN, Georges. *Tratado de sociologia do trabalho*. v. 1. São Paulo: Cultrix, 1973. p. 19.

realiza, mas o fato de que quem o realiza é uma pessoa. As fontes da dignidade do trabalho devem-se procurar não tanto na dimensão objetiva, mas subjetiva. O trabalho é para o homem, e não o homem para o trabalho."(18)

Inegável, portanto que assim como a origem etimológica é controvertida, os conceitos acerca do trabalho humano também comportam divergências, dependendo da época e da cultura que o focaliza, e da ciência pela qual é tratado.

A produção, aliada ao sentido de dominação, fez do trabalho uma tortura, ao passo que, na produção capitalista, o trabalho torna-se mercadoria. É cediço também que, em função da evolução social, o vocábulo trabalho ganhou novos conceitos sociais e, modernamente, o que prevalece é o seu sentido de utilidade e transformação, não envolvendo o sentido original ligado à tortura.

O que houve não foi a perda do seu referencial, mas o vencimento de fases pelo surgimento de novas culturas sociais, o que levou muitos pensadores a redefini-lo, a exemplo de Domenico de Masi, para quem "*o progresso humano nada mais é do que um longo percurso do homem rumo à intencional libertação, primeiro da fadiga física e depois da faina intelectual*". Em resumo, Domenico de Masi entende que, como resultado dessa evolução, temos uma sucessão de fases, que designou de fases liberatórias: "*a que vai desde as origens até a Idade Média, trouxe a progressiva libertação da escravatura; a que vai da Idade Média até a primeira metade do século XX, trouxe a progressiva libertação da fadiga; a que teve início a partir da Segunda Guerra Mundial e na qual vivemos hoje, visa à libertação do trabalho*".(19)

O vocábulo trabalho pode ser empregado diferentemente e em diversas situações, como é o caso do trabalho animal, em que está presente o emprego da força impulsiva, diferindo, contudo, do trabalho humano que exige condições intelectuais, inerentes ao ser humano. Os pensadores que se propuseram a refletir sobre o termo destacam que o homem, pela sua vocação natural e impulsionado pela satisfação de suas necessidades materiais, busca na natureza a matéria-prima necessária para tanto, transformando-a, na maioria das vezes, em mercadoria.

Dessa premissa, subtrai-se que o termo trabalho envolve duas características: a utilidade e a transformação da natureza. A utilidade ligada como necessária para a transformação de suas necessidades, e a transformação, como elemento de produção de bens, pelo produto da manufatura destinado à circulação em sociedade. Assim, o trabalho humano é uma atividade humana que tem como destinatário o próprio homem, de onde se conclui que ele é uma atividade para a pessoa e pela pessoa humana e por isso deve ser respeitado na sua dimensão social. Não deve ser tido como algo desumanizante, por ser inerente à condição humana originária, não pode ser tido, por isso, como pena ou castigo. É, acima de tudo, um direito pessoal, ao mesmo tempo em que é um dever social. É meio de prover as suas necessidades, mas não é o fim último do homem. Portanto, é inerente à liberdade humana.

---

(18) DENNY, Ercílio A. *Ética & sociedade*. São Paulo: OpiniãoE, 2001. p. 235.

(19) DE MASI, Domenico. *Desenvolvimento sem trabalho*. São Paulo: Esferapg, 1999. p. 8.

É nessa esteira que vem crescendo o valor social do trabalho, ganhando reconhecimento e tendo sua primazia em detrimento do capital, todavia, sem ignorar o valor deste. A Declaração Universal dos Direitos Humanos, em seu art. 23, frisa: "*1. Toda pessoa tem direito ao trabalho, à livre escolha de emprego, a condições justas e favoráveis de trabalho e à proteção contra o desemprego. 2. Toda pessoa, sem qualquer distinção, tem direito a igual remuneração por igual trabalho. 3. Toda pessoa que trabalhe tem direito a uma remuneração justa e satisfatória, que lhe assegure, assim como à sua família, uma existência compatível com a dignidade humana, e a que se acrescentarão, se necessário, outros meios de proteção social. 4. Toda pessoa tem direito a organizar sindicatos e neles ingressar para proteção de seus interesses*".[20]

1.4. O trabalho como utilidade

Uma das características do trabalho humano é o sentido de sua utilidade. Colson, economista liberal, define o trabalho como "*o emprego que faz o homem das suas forças físicas e morais para a produção de riquezas ou serviços*".[21] O trabalho visto por esse prisma distingue-se pelas finalidades, pela sua utilidade e pelo valor dos produtos que cria. Nesse mesmo sentido, é de Henri Bergson a afirmação de que "*o trabalho humano consiste em criar utilidade*".[22]

Evaristo de Moraes Filho, ao traçar o seu embate sobre o assunto, apoia-se em Maschall, que define o trabalho como "*qualquer aplicação do espírito e do corpo tendo em vista um bem diverso do prazer oriundo diretamente da própria obra*".[23]

Esse conceito, ao que parece, não está diretamente ligado ao sentido econômico e sim ao de alienação do trabalho, mas, ao traçar um paralelo entre o esporte e o trabalho, deixa assente essa questão, esclarecendo que não se pode confundir ação com trabalho, contendo sempre, este último, o aspecto econômico da utilidade.

A utilidade, como visto, é o aspecto econômico do conceito de trabalho, possuindo um fundamento ligado ao seu objeto final, que é a satisfação das necessidades humanas, justificando, assim, ser este um valor significativo para a economia. Francesco Netti define o trabalho como "*toda energia humana empregada tendo em vista um escopo produtivo*".[24]

Não é outro o entendimento de Rebaud, citado pelo mesmo autor e ainda sob a ótica econômica, que, em suas reflexões, parece ter dado um contorno mais definido, assim expressando-se: "*Do ponto de vista econômico, um homem trabalha quando faz esforços tendo em vista produzir bens ou prestar serviços.*"[25]

---

(20) **DECLARAÇÃO UNIVERSAL DOS DIREITOS HUMANOS**, Adotada e proclamada pela Resolução n. 217 A (III), da Assembleia Geral das Nações Unidas em 10 de dezembro de 1948.

(21) FRIEDMANN, Georges. *Op. cit.*, p. 20.

(22) FRIEDMANN, Georges. *Op. loc. cit.*

(23) MORAES FILHO, Evaristo de. *Op. cit.*, p. 136.

(24) *In*: MORAES FILHO, Evaristo de. *Op. cit.*, p. 133.

(25) Rebaud, *in*: MORAES FILHO, Evaristo de. *Op. loc. cit.*

Para a grande maioria dos pensadores que veem, com clareza, dentro da ótica econômica, o aspecto do útil na atividade humana do trabalho perde relevo a questão do trabalho-valor, todavia, e modernamente, não podemos ver o trabalho somente por um ângulo, em que pese o fato do fator econômico ser incisivo e considerável, mas não podemos ver o trabalho somente pelo aspecto da sua utilidade e desconsiderar o seu valor em si.

1.5. O trabalho como valor

O trabalho pode ser visto por diversos prismas e sob a ótica de várias ciências. Pelo prisma econômico, o trabalho é dividido em social e técnico, e para muitos perde relevo o sentido da teoria do trabalho-valor. A sociologia valoriza a técnica como fato social, sem prescindir da análise da rubrica "valor" nesse contexto.

Quanto à definição de trabalho técnico, parece não pesarem grandes divergências de entendimentos, estando ligado à aptidão do agente, à sua especialidade, à sua técnica, enfim, implicando assim uma adaptação fisiológica e psicológica.

A Sociologia considera as condições fisiológicas, pois delas depende uma maior ou menor adaptação do técnico ao trabalho, em função de suas condições físicas, exigindo ainda pesquisas em torno da fadiga decorrente da atividade. Decorre daí a conclusão de Georges Friedmann, no sentido de que, em certas circunstâncias, a "fadiga" é um fenômeno social.[26]

Além do aspecto físico, deve ser considerado também o aspecto psicológico do trabalhador, pois, além de sua constituição física, o ser humano é dotado de constituição moral. Frente a este quadro não podem deixar de serem considerados os mais diversos fenômenos sociais que aparecem no âmbito de trabalho e os mecanismos de enfrentamentos a essa nova realidade social. Residem nessa reflexão as conclusões de Ercílio A. Denny, que já tivemos a oportunidade de apontar, "*o trabalho é para o homem e não o homem para o trabalho*". É na lição desse mesmo pensador que encontramos a seguinte reflexão sobre o significado humano do trabalho.

> *Com efeito, a "cultura do trabalho" do passado era permeada da concepção do trabalho como valor. Para construí-la, contribuíram várias tendências de pensamento diferentes entre si. Antes de mais nada, a concepção judaico-cristã, que vê no trabalho o meio principal para o homem autorealizar-se e dominar a terra, um dever essencial que a própria natureza lhe impõe, uma verdadeira e própria colaboração na obra criadora de Deus. Depois, a concepção do homem como "homo faber", que se realiza não na "contemplação" (theoria), como pensava Aristóteles, ou no 'otium' como pensavam os romanos, mas no "fazer". Esta concepção, nascida com o Renascimento e retomada pelo Iluminismo tornou-se a alma do capitalismo europeu e valor fundamental da civilização industrial. Enfim, a valorização do trabalho feita pelo socialismo, particularmente por Marx, que descobre nele a realização da própria essência do homem.*

(26) FRIEDMANN, Georges. *Op. loc. cit.*

A cultura do trabalho, como resultado do encontro destas correntes diferentes do pensamento, entrou hoje decisivamente em crise. O trabalho não só é mais visto como valor, como instrumento de crescimento pessoal e de progresso social, mas é vivido por muitos como alienante e desumanizante, como impedimento à expansão vital do próprio ser, ou é reduzido a mero meio para conseguir bens, no gozo dos quais se faz consistir a vida. (...) Em nome do aumento da produção e diminuição do preço, o homem é escravizado. Os fins justificam os meios. O ser humano se tornou um meio e não mais um fim em si mesmo.(27)

1.6. O trabalho como atividade que transforma a natureza

Os pensadores também buscaram a definição de trabalho na relação do homem com a natureza. "*Por essência, através da técnica, o trabalho é a transformação, pelo homem, da natureza que, por sua vez, reage sobre o homem, modificando-o.*"(28)

Compartilhando desse pensamento, podemos destacar Francis Bacon, Descartes e Marx, atribuindo-se ao último o trabalho de maior vigor e profundidade no estudo da relação do homem e natureza na atividade do trabalho.

Marx, por meio de *O Capital*, deflagrou o movimento da ação socialista, partindo da verificação da flagrante desigualdade econômica constatada no tecido social. Objetivou realçar a classe dos operários em detrimento dos mais fortes e do notório desinteresse pela luta social, tentando resolver o conflito entre capital e trabalho, suprimindo o capital e reduzindo tudo ao trabalho. A Carta Encíclica *Rerum Novarum*, parte da mesma premissa social, mas aponta a teoria marxista como subversiva para a ordem social, e defende o direito do homem à propriedade particular, como veremos em outro tópico.

Uma das maiores críticas que se atribui à doutrina socialista, além da reprovação recebida pela Doutrina Social Cristã, é em relação à metodologia da sua construção ideológica, além do fato de que tal situação contribuiu (ou além de ter contribuído) para a modificação não da natureza pelo homem, mas do próprio homem, criando, em função do coletivismo e do materialismo histórico, o individualismo. "*Com efeito, o capitalismo, quando se inspira no velho liberalismo, pensa o homem* (homo economicus) *como simples indivíduo isolado, com prejuízo da solidariedade com outros e privilegia uma ética individualista, portanto, egoísta.*"(29) É necessário, pois, corrigir essa concepção de valor, com o objetivo de promover a solidariedade das pessoas contra o individualismo. O homem é o verdadeiro transformador, o protagonista da atividade transformadora, não pode ser vítima do capital, ou escravo do trabalho. É ele que deve exercer a atividade transformadora para o coletivo e desfrutar deste resultado como componente deste tecido.

---

(27) DENNY, Ercílio A. *Op. loc. cit.*

(28) FRIEDMANN, Georges. *Op. loc. cit.*

(29) DENNY, Ercílio A. *O homem e o trabalho*. In: Jornal de Piracicaba, 29 abr. 2001. p. 2.

1.7. O trabalho humano como fato coletivo

O trabalhador, enquanto pessoa humana, é o fundamento primeiro do trabalho e o fim último do seu resultado. O valor do trabalho deve observar não só o seu destino, mas também a sua finalidade, ou seja, não apenas o fato de que o trabalho é ato da pessoa, mas também meio de preservar a sua dignidade. O trabalho, enquanto ato da pessoa, individualmente considerada, é também ato coletivo, considerando que toda coletividade participa desta atividade e do seu resultado, como destinatária final, na qual se encontra também o trabalhador, sendo, portanto, o fio condutor de toda questão social.

O trabalho humano, muito embora se expresse por meio de uma atividade individual, é um fato coletivo. Esse conceito se liga ao seu aspecto social, partindo-se da premissa da dependência social entre os indivíduos, que pode se expressar direta ou indiretamente, mas todos, sem exceção, necessitam do trabalho ou do seu resultado. Por ser um fato coletivo, o trabalho pode ser visto pelo seu aspecto social e pelo seu aspecto técnico. O social, ligado às atividades de cooperação mútua, distribuição, dentre outros elementos sociais, ao passo que o técnico compreende a especialização dentro da atividade profissional.

A ocupação técnica ou atividade técnica do trabalho deságua num fenômeno que ficou caracterizado como trabalho fragmentado ou trabalho em migalhas que, no dizer de Suzana Albornoz, furta do indivíduo a oportunidade de consciência de seus esforços. "*É o homem em ação para sobreviver e realizar-se, criando instrumentos, e com esses, todo um novo universo cujas vinculações com a natureza, embora inegáveis, se tornam opacas.*"[30]

1.8. A ética do trabalho

É inegável que o aprimoramento técnico incrementou o desenvolvimento dos meios de produção, os métodos de racionalização e tudo que se desenvolveu em relação ao trabalho industrializado. Deixou de observar os métodos pretéritos de racionalização, tais como o taylorismo, por exemplo, e passou a se preocupar com o outro equipamento de produção, a máquina humana. Autor como Paul Deschanel frisa que o trabalho era a honra do homem e a alma da sociedade, embora subjugado na ordem econômica.

Ainda na mesma nascente, estão as ideias de Lotmar, para quem o trabalho é a vida do homem, seus êxitos, seus fracassos, suas aspirações e seus perigos.[31] Pelo prisma individual, o trabalho é a razão da felicidade ou infelicidade do homem, pelo prisma coletivo, é a razão do sucesso ou insucesso social. Uma nação sem trabalho é pobre. Numa visão capitalista, sua presença pode ser escravizante, todavia, sua ausência pode ser subjugante.

---

(30) ALBORNOZ, Suzana. *O que é o trabalho*. 6. ed. São Paulo: Brasiliense, 1994. p. 8.

(31) LOTMAR; DESCHANEL, Paul *apud* MORAES Filho, Evaristo de. *Op. cit.*, p. 134-135.

Com esses novos pensamentos e a presença da reforma social, "*o conceito ético e social representa uma total oposição ao que dele se tinha na Antiguidade clássica*".[32] Tal correção de rumos, contudo, não teve o condão de extirpar por definitivo a presença da noção da fadiga e esforço como caracterizadores do trabalho, embora os esforços e empenhos sociais caminhem nesse sentido, por acreditarem os filósofos, sociólogos e economistas que nem todo trabalho deve ser necessariamente penoso.

O atingimento de tal mister esbarra em questão de ordem estrutural, cultural e social. Georges Friedmann também vê no trabalho o seu aspecto de alienação, como forma de exploração e afirma que: "*todo trabalho sentido como algo estranho pelo seu executante, no sentido próprio do termo, é um trabalho alienado*". Para fugir desse estigma, o trabalho terá que aproveitar condições favoráveis à sua realização, do ponto de vista técnico, fisiológico e psicológico. "*Mas ele se arrisca ainda a ser alienado, e da maneira mais penosa possível, se as condições econômicas e sociais em que é levado a efeito acarretarem para o trabalhador a convicção de uma exploração.*"[33]

O trabalhador deve ter a consciência de que o seu trabalho está devida e justamente remunerado, em vista dos demais fatores sociais e de outros seus pares. Esta é a visão já apregoada por Leão XIII, no parágrafo 22 da *Rerum Novarum*, ao afirmar que o melhor remédio é a prevenção e a prevenção é evitar a exploração e a alienação.

A preocupação com a prevenção tem sua razão de ser, ao passo que a alienação, aliada ao sentimento de exploração, induz ao estado de insatisfação, tensão, ansiedade, que são fatos sociais motivadores de revoltas, além do que o trabalho alienado pode acarretar a degradação e a alteração da personalidade. Verdadeiro prejuízo humano, nas dimensões individual e social.

---

(32) MORAES FILHO, Evaristo de. *Op. loc. cit.*

(33) FRIEDMANN, Georges. Ob. cit., p. 24.

Capítulo II
Antecedentes Históricos do Trabalho Humano

2.1. Considerações preliminares

Caracterizado o trabalho humano em seus aspectos históricos, é de se destacar que nas sociedades antigas era atividade destinada aos escravos.

A História é o espelho por onde vemos as verdades do passado, no qual são refletidos fatos sociais que devem ser entendidos respeitando-se o momento registrado, como é o caso da Grécia antiga, por exemplo, que cultivava a sabedoria, relegando o trabalho braçal, exercido pelo ser humano, a uma condição menor, tendente a suprir as carências físicas, sendo, naquela época, a escravidão julgada justa e necessária.

O primado da contemplação nunca tratou com nobreza o trabalho. Aristóteles considerava que, sendo impossível a vida sem o necessário para a sobrevivência, a humanidade não poderia abrir mão dos escravos. A escravidão era encarada como uma lei natural, pois *"se existissem máquinas que se movimentassem sozinhas, não seria necessário o trabalho escravo"*.(34)

Segadas Vianna, ao abordar o tema, afirma que *"Àquele tempo, a escravidão era considerada coisa justa e necessária, tendo Aristóteles afirmado que, para conseguir cultura, era necessário ser rico e ocioso e que isso não seria possível sem a escravidão."*(35)

A História nos dá conta ainda de que a escravidão passou por diversas fases, não se cingindo somente à escravização dos negros pelos portugueses, mas dos índios pelos espanhóis, dos piratas ingleses, franceses e holandeses que faziam o tráfico de escravos, além de outros registros, relegando-os à condição de coisa, propriedade. *"O escravo era desprezível, não por trabalhar, mas porque em um dado momento de sua existência, tinha preferido a servidão ao risco de morrer pela liberdade."*(36)

Nos tempos medievais, os senhores feudais escravizavam os seus prisioneiros, vendendo-os posteriormente. Segadas Vianna, em sua incursão sobre o estudo dos antecedentes históricos do trabalho, frisa que, em 1542, o papa Nicolau autorizava o rei de Portugal a combater e escravizar todos os muçulmanos e, em 1488, o rei Fernando, o Católico, ofereceu 10 escravos ao papa Inocêncio VIII, que os distribuiu entre os seus cardeais.(37)

---

(34) CARMO, Paulo Sérgio do. *Op. cit.*, p. 17.

(35) VIANNA, Segadas. *Instituições de direito do trabalho*. 15. ed. São Paulo: LTr. 1995. vol. 1, p. 28.

(36) CARMO, Paulo Sérgio do. *Op. loc. cit.*

(37) VIANNA, Segadas. *Op. cit.*, p. 28.

A escravidão foi abolida na França em 1857, seguiram-na outros países, tendo ocorrido o mesmo no Brasil, em 13 de maio de 1888, que foi o penúltimo país a tomar a medida de cunho legalista e sem políticas sociais para absorção da nova mão de obra, proveniente dos ex-escravos, no mercado.

2.2. Fase pré-industrial

Na chamada sociedade pré-industrial, não foi somente o regime escravo que registrou suas marcas, registraram-se também a servidão e o trabalho artesanal. A servidão era o regime em que o indivíduo, embora não fosse escravo, não tinha liberdade, sendo sua preponderância registrada no regime feudal, cuja economia se baseava na agricultura ou pecuária.

Aos servos, era assegurado apenas o direito de herança de seus animais e objetos pessoais, mas sobre estes ainda pesavam os impostos de herança, cobrados pelos próprios senhores. Os impostos e as restrições eram vários. Havia imposto até mesmo para o casamento. Não podiam recorrer aos juízes contra os senhores da terra, mas podiam ser arrebanhados por estes e mandados para a guerra. Com o produto de seu trabalho, tinham somente a garantia de alimentação, vestuário e habitação.

Esse sistema começa a desaparecer no final da Idade Média, em função de outro sistema econômico que despontava e com o qual era incompatível: o capitalismo.

2.3. Trabalho artesanal

A servidão sai de cena para dar lugar a um novo protagonista: o trabalho artesanal, organizado em corporações. No final da Idade Média, observou-se uma alteração no comportamento social e no sistema econômico que hipertrofiou a economia feudal, fazendo surgir, em função disso, grupos profissionais.

Além do fenômeno econômico, a época também ficou marcada pelo êxodo do campo, pois os homens, motivados pela necessidade de fugir do poder absoluto do senhor das terras, concentravam-se nos centros urbanos, aproximando-se ainda mais pelas afinidades profissionais, dando início, mesmo que de forma embrionária, a uma nova fase que ficaria registrada na História como a das corporações de ofício, ou associação de artes e mestres. Para Segadas Vianna, *"foi especialmente na França (Maîtrises), na Espanha (Gremios) e na Alemanha (Zumften) que seu desenvolvimento mais se fez sentir, não obstante surgirem em outros países e na própria Inglaterra"*.(38)

Os trabalhadores, embora libertos do poder absolutista do senhor da terra, estavam sujeitos, por contratos rigorosos, ao domínio de uma nova figura surgida com o novo sistema: o mestre. Os contratos, verdadeiros estatutos, embora rigorosos, previam vantagens e desvantagens, citando como exemplo destas, as severas restrições até mesmo para a mudança de domicílio; mas, por outro lado, além da garantia do salário, eram

---

(38) VIANNA, Segadas. *Op. cit.*, p. 31.

assistidos em caso de doença e tinham garantia de trabalho, como também só podiam trabalhar os pertencentes às corporações, com a possibilidade ainda de, um dia, poderem ser mestres.

As corporações ganham a simpatia dos reis, pois além de prestarem serviços ao erário, tendiam a enfraquecer a rigidez e o poderio dos senhores feudais, opositores ao poder central do monarca. Por outro lado, temeroso do seu fortalecimento em demasia, o próprio poder real começa a regrar as corporações, com o objetivo de estabelecer limites aos seus poderes.

Mesmo assim, elas sobrevivem por muito tempo, vindo a sucumbir somente com o surgimento das relações de trabalho industrial, que marcariam o início de uma nova fase, que passaria a ser conhecida como Revolução Industrial.

2.4. A Revolução Industrial

A Revolução Industrial não foi marcada apenas pelo surgimento das máquinas, pois provocou também e sobretudo uma revolução nos métodos de trabalho e nos sistemas de produção, o que influenciou as relações entre os trabalhadores e os empregadores. Enquanto no sistema anterior existia uma garantia de trabalho, o novo método de produção, a máquina a vapor e os teares mecânicos trouxeram como consequência a redução da necessidade de mão de obra.

A princípio, a nova realidade causaria revoltas e rebeliões contra as máquinas, mas o novo sistema se firmava e acenava com a tendência de expansão, favorecendo assim o desenvolvimento do sistema de comércio. Foi na Revolução Industrial que se observou a libertação do trabalhador, a generalização do trabalho assalariado, além da tendência ao desenvolvimento de agremiações ou de grupos com interesses comuns.

Outro fato marcaria essa fase: o final das lutas contra os senhores da terra e contra os mestres das corporações. A nova luta a ser travada, contra o patrão, que passaria a ser conhecido como capitalista, porém, era maior e mais complexa. O novo embate, aliado aos demais fatos sociais da época, propiciou o surgimento de um sentido social e humano na conceituação e valorização do trabalho, o que, por via oblíqua, influenciou uma revolução jurídica e econômica.

2.5. O homem como meio de produção

Como resultado da exploração do trabalho humano, aliado à forma sistematizada e organizada introduzida pelas máquinas, surgem duas novas figuras de classes distintas: a proletária e a capitalista. A primeira, mais numerosa e sem poder, tinha asseguradas, pelo Estado, apenas a liberdade e a igualdade, mas, mesmo assim, nos limites e conceitos devidos à época. A segunda, embora menor, era detentora da força do poder econômico e se via no direito de impor as regras a serem observadas pelos trabalhadores, pela submissão da fome e desatenção às suas condições de vida.

As relações entre capital e trabalho se davam "entre muros", e fora dessa relação social, a diferença era ainda maior, classificada por muitos estudiosos sobre o assunto como dois mundos distintos, o dos "ricos" e o dos "pobres".

Enquanto o dinheiro era garantia de saúde e segurança para uma casta privilegiada, a outra estava predestinada à fadiga e às intempéries típicas, carente de recursos, saúde e segurança. Junta-se à condição econômica e social dos trabalhadores a situação jurídica, oriunda da visão liberal do contrato, que implicava a dominação jurídica do capital sobre o trabalho.

Diante da liberdade do capitalista de impor e exigir as normas laborativas, o Estado era mero espectador, inerte, com função apenas de garantir a ordem social e política, inspirado na fórmula *laissez faire, laissez aller*, que excluía a relação de trabalho na ordem social. Com isso, o capitalismo ganha força e torna-se senhor absoluto de toda a sociedade.

A fase da dominação total do capital sobre o trabalho durou até que o Estado liberal, em razão da crise do direito que se mostrou sensível aos fenômenos econômicos e sociais, entrou em decadência, marcando-se o início de uma nova era, que passou a focalizar o homem histórico-social e contemplou a proteção ao pensamento e à ação, em detrimento de uma liberdade subjugada pelo capital.

Esse incremento não seria possível sem a quebra da hegemonia do capital, como força absoluta, induzindo o Estado a reconhecer o seu papel e impor-se acima dos grupos e interesses e mediar o equilíbrio entre os diversos grupos de indivíduos, como órgão supremo do direito e instrumento da Justiça.

O novo sistema, o conceito moderno de democracia, a proteção social de forma ampla atingiriam a camada social mais numerosa, composta pelos mais fracos, do ponto de vista econômico, embora ainda ausentes os compêndios legislativos sobre a proteção do trabalho, mas já marcavam o nascer de uma nova ordem, um novo direito a ser reconhecido pelo Estado: o do trabalho.

Em muitos países começam a aparecer e amadurecer orientações nesse sentido: na França, os salários se tornam impenhoráveis e suprime-se a prisão por dívidas. Além disso, preveem-se outros direitos, como proteção às vítimas de acidente do trabalho, assegurando-lhes ainda o direito à indenização, além de algumas proteções em relação à exploração do trabalho; na Inglaterra, diminui-se a idade com que as crianças podiam trabalhar nas fábricas, além de outras conquistas dos trabalhadores advindas em curtos espaços de tempo. Em 1833, instituem-se as inspeções nas oficinas; em 1844, aprovam-se as primeiras medidas de segurança no trabalho, estabelece-se a meia jornada para as crianças. É da Alemanha, contudo, que se tem notícia do surgimento das ordenações industriais metodizadas, como se fossem pequenos códigos, além da rede de seguro social criada com a legislação social de Von Bismark.[39]

---

(39) VIANNA, Segadas. *Op. cit.*, p. 39.

Nesse contexto histórico do final do século XIX, deve ser considerada ainda a Doutrina Social Cristã. O Estado capitalista desenvolve uma doutrina intervencionista, na qual estabelece parâmetros de igualdade por meio de regramento próprio, surgindo, a partir daí, a igualdade jurídica, com escopo de proteção ao interesse geral em detrimento do particular. A Doutrina Social Cristã, de outro lado, estabelece grande marco na História por meio de seus ensinamentos, na tentativa de estabelecer a união entre as classes do capital e do trabalho. Por ser ponto de relevância, remetemos a tópico próprio o assunto (ver cap. III). Mas antes, merece atenção o movimento operário registrado na mesma época.

2.6. O movimento operário

O êxodo rural no final da Idade Média desencadeou diversos reflexos sociais, alguns imediatos e outros mediatos. Um dos fatos sociais de relevância histórica foi a aglomeração, nas fábricas, dos indivíduos antes dispersos no campo, onde a união se cingia aos momentos festivos e a cultos religiosos. O agrupamento de indivíduos num só local, vivendo problemas e dificuldades comuns e tendo a oportunidade de presenciar os sofrimentos e dificuldades sociais de seus colegas ou vizinhos, que não raro se assemelhavam aos seus, fez com que desenvolvessem o espírito de ajuda mútua e a colaboração recíproca em defesa de interesses comuns. Neste fato social está contida, de forma embrionária, a origem do movimento operário.

O movimento operário, a princípio, nasce de forma acanhada e desordenada, mas rapidamente, motivado, talvez, pela extrema necessidade de se estabelecer uma condição de enfrentamento da realidade social experimentada pela grande maioria da população, desenvolve o espírito sindical. Nasce, pois, o sindicato como produto da conscientização de uma luta de classes.

Para Segadas Vianna, os movimentos sociais fizeram por compreender, mesmo aqueles que se opunham às pretensões dos trabalhadores, que estes tinham direito à vida e que ao Estado cabia velar por ela. *"Reconhecia-se que o dever da prestação do salário não se podia resumir ao pagamento de algumas moedas que apenas permitissem não morrer rapidamente de fome; que o trabalho excessivo depauperava a saúde do operário e que isso impediria a existência de um povo fisicamente forte; compreendia-se que a velhice, a invalidez e a família do trabalhador deviam ser amparadas, porque ele poderia melhor empregar sua capacidade produtora, tendo a certeza de que, à hora amarga da decrepitude, do infortúnio ou da morte, velava por ele e pelos seus o Estado, através duma legislação protetora."*[(40)]

Foi a movimento operário, portanto, que fez surgir a cultura de reação coletiva e o espírito corporativo.

2.7. A Primeira Guerra Mundial

A Primeira Guerra Mundial também trouxe consequências sociais ligadas ao trabalho humano, pois, a exemplo do fenômeno da urbanização, que ocasionou a

---

(40) VIANNA, Segadas. *Op. cit.*, p. 41.

aglomeração dos trabalhadores nos centros urbanos e a precipitação da formação da classe operária, as trincheiras permitiram que milhões de trabalhadores vivessem a mesma realidade, soldados de camadas sociais distintas ali eram todos iguais e com a mesma identidade de propósito.

A igualdade para a luta e para a morte os impulsionava a refletir e cobrar do Estado o reconhecimento de seus valores, e este, por sua vez, para manter o equilíbrio nas retaguardas, acabou atendendo a algumas das reivindicações, atribuindo valor ao trabalho operário, visando, evidentemente, ao sucesso nas trincheiras.

Dentro dessa abordagem histórica, dados de relevância marcam o desenvolvimento dessa relação social – o sentido de tempo útil, o desenvolvimento da tecnologia e a concessão pelo Estado de alguns direitos trabalhistas, individuais. A concessão individual tinha sua razão de ser, pois visava também à desarticulação de qualquer reação coletiva. Era a jogada legal do Estado em investir no individualismo humano. Outra guerra travada pelo Estado, mas essa sequer notada, embora de proporção também mundial.

2.8. O relógio introduzido na consciência humana

"Tudo tem seu tempo determinado, e há tempo para todo propósito debaixo do céu."[(41)]

O tempo, tal qual hoje o concebemos, é produto de uma construção social, ignorado pelo povo primitivo, que prescindia de protocolos ou conceitos pré-concebidos, controlando o seu tempo pelo ciclo habitual do trabalho, ligado, geralmente, ao campo e a fenômenos naturais.

Com base nessa noção de tempo, os homens ocupavam os seus dias, orientando-se por dados da natureza – como o sol e o vento – e pela lógica da necessidade. O caçador colocava suas armadilhas à noite, ao passo que o pescador, seguindo a indicação do mar, trabalhava na madrugada ou durante o dia. Em decorrência dessa mesma lógica, os trabalhadores das comunidades agrícolas trabalhavam do amanhecer ao anoitecer e isto lhes parecia normal, especialmente nos meses de colheita.

Seguindo a lógica da necessidade, o trabalhador se ocupava com a situação constatada, tendo como normal orientar suas tarefas pelos eventos climáticos, além de outros dados externos, mas todos eles despidos de um compromisso de produção com vistas às sobras além de suas necessidades. Na incursão feita por Edward P. Thompson, esse modelo era antieconômico e carente de estímulos, contudo perdurou por muito tempo, sendo de meados do século XVII o aparecimento da noção de tempo como fenômeno regulador da produção.[(42)]

É apontada a existência de relógios desde o século XIV, em igrejas e lugares públicos. No entanto, é polêmica a precisão do relógio enquanto instrumento marcador do tempo, dada a cultura e valores da época, porque não havia uma preocupação com a

(41) Eclesiastes 3, 1.

(42) THOMPSON, Edward P. *Tradición, revuelta y consciencia de classe*. Barcelona: Editora Crítica, 1989. p. 238-291.

cronometragem de horas e minutos, pelo fato de se orientarem pela natureza e pelo relógio biológico e, ainda, guiarem-se pelo sol, pela lógica da necessidade.

Sua utilização, contudo, extravasou limites e ganhou espaços em todos os setores da sociedade, na qual tudo se condiciona em função do fator tempo.

Esse dado marca o início de uma nova fase que quebra os laços da cultura do homem do campo, subordinando-o a uma nova realidade, a urbana ou industrial, na qual o fator tempo é valorizado. Enquanto o trabalhador rural era despertado de acordo com suas necessidades no campo, o trabalhador urbano era acordado pelas necessidades do capital. Com o tempo, os trabalhadores se viram impulsionados a obterem um relógio para uso domiciliar, produto da nova cultura que os educou a administrar o seu tempo de acordo com outros valores.

Forçoso convir que a introdução do relógio na consciência humana registra fator decisivo na relação social, a qual passa a cronometrar, não somente o trabalho humano, mas também o das máquinas. Assim, o homem desenvolve uma disciplina para o trabalho urbano, regrada pelo tempo medido cronologicamente e pela necessidade do capital. Em função da nova realidade social, novos hábitos se formam e evoluem.

Mesmo após séculos de evolução, e no ápice de uma época em que a palavra de ordem, no aspecto sociológico, é a libertação do trabalho, o homem do trabalho ainda não conseguiu libertar-se dos conceitos e necessidades impostas pelo capital, entretanto é inegável o desenvolvimento da consciência de que o tempo tem o seu valor, cujo dado condiciona também o valor do trabalho.

A História não nos permite precisar o início de uma disciplina de controle do trabalho pelo tempo, mas em qualquer pesquisa sobre o assunto vemos presente o seu referencial.

Segadas Vianna nos traz referência da Espanha, do ano de 1351, época em que o rei e as cortes exerciam fortes influências ao regulamentar as corporações, fixavam a jornada de trabalho de sol a sol, com períodos curtos de descanso para alimentação.(43)

A introdução do tempo no sistema produtivo marca a quebra da cultura do homem do campo, que passa a se educar pelo sistema que vem regular o seu tempo, e, à medida que o sistema evolui, a nova concepção passa a fazer parte da vida do homem do trabalho, principalmente com o nascimento das indústrias, nas quais *"as novas formas de produção trariam, posteriormente, a necessidade de outros métodos de racionalização do trabalho como, por exemplo, o taylorismo"*.(44)

O sistema produtivo mecanizado e a racionalização do trabalho fazem com que haja uma economia de tempo, o que vem forçar a uma limitação da duração do trabalho. Contudo, o trabalho nas corporações e nas fábricas está marcado por vários fatores de indignidade nas condições de sua realização, sendo um dos componentes a

---

(43) VIANNA, Segadas. *Op. cit.*, p. 31.

(44) NASCIMENTO, Amauri Mascaro. *Fundamentos do direito do trabalho*. São Paulo: LTr, 1970. p. 18.

excessiva jornada diária. Amauri Mascaro Nascimento teve a oportunidade de sublinhar que, até a invenção do lampião a gás (1792), o trabalho era exercido enquanto a luz do dia permitisse.[45]

A jornada de trabalho, naquela época, era em média de 14 a 16 horas por dia. O tempo é um fato social, que, segundo Eduard P. Thompson, faz parte da relação social do trabalho. Desenvolve-se, a partir daí, a noção de tempo útil, que no dizer de Edgard De Decca, consiste no ato de introjetar um relógio moral no corpo de cada homem, como dispositivo de uma nova classe em ascensão, além da crítica à ociosidade.[46]

O sentido de utilidade do trabalho, portanto, envolve também a noção de tempo, tempo útil, desenvolvido a partir da necessidade da sistematização do trabalho, pois a racionalização da produção objetivava maior produtividade em menor tempo.

O método taylorista, por exemplo, marcou por ser o primeiro na história da indústria a desenvolver a atenção aos mínimos detalhes da sistematização do trabalho e, em nome do aumento da produtividade, preocupou-se com a eliminação de gestos desnecessários e comportamentos entendidos como supérfluos. O homem passa a ser um prolongamento da máquina, com movimentos mecânicos e cronometrados de acordo com o movimento e capacidade da máquina. Certamente, essa fase caracterizou uma divisão na história da indústria, principalmente no que tange ao sentido de tempo útil.

O elemento tempo útil aliado a outros fatores, tais como as orientações da Doutrina Social Cristã, acerca do tempo livre, o efeito do desemprego surgido no novo sistema, fez com que o Estado se visse na necessidade de tomar uma posição frente à nova realidade, pois o trabalho urbano, que já havia perdido as referências das leis naturais, passava a observar as leis da produção, geralmente, além dos limites físicos. Em consequência, a par da teoria do tempo útil, desenvolve-se a discussão sobre a necessidade humana do tempo livre, que vem justificar a normatização da duração do trabalho. Contribuíram para o fortalecimento dessa discussão outros fatores, fundados nos aspectos fisiológico, moral, social, econômico, além do tecnológico que com base na cultura social cristã primava pelo ócio contemplativo.

A duração do trabalho não se cingia somente às ciências econômicas e sociais, pois áreas ligadas à saúde já se preocupavam com o assunto, motivadas pelo alto índice de acidentes, pelo desgaste físico que desencadeava o envelhecimento precoce, além de outros dados observados no tecido social ligado à produção.

Perceberam os cientistas que a fadiga do trabalho, resultante da atividade prolongada, trazia reflexos diretos à saúde do trabalhador. Se este não fosse socorrido e tratado, a fadiga poderia tornar-se crônica, predispondo-o a doenças, velhice precoce ou até mesmo abreviando-lhe a vida.

A discussão social acerca da dignidade da pessoa humana também justificava a limitação da duração diária do trabalho, com o objetivo de ofertar ao trabalhador a

(45) NASCIMENTO, Amauri Mascaro. *Op. cit.*, p. 23.

(46) DE DECCA, Edgar Salvadori. Ob. cit., p. 15.

oportunidade de desfrutar a vida pessoal, dissociada da profissional. O Estado passa a regular a duração diária do trabalho, cria, posteriormente, o descanso semanal, caminhando em seguida para a instituição das férias, com o objetivo de eliminar a fadiga física e mental.

A introdução da duração diária do trabalho com redução dos limites pretéritos, aliada ao novo sistema de produção sistematizada, demonstrou que o grande receio dos patrões fora vencido, pois não se observou queda na produção.

Modernamente, o espírito das reformas sociais aliado ao avanço tecnológico, em todos os níveis e nas mais diversas áreas, fizeram por despertar, em muitos países, a preocupação com o fator tempo útil e tempo livre, *"propiciando a redução da jornada para cinco, seis e sete horas (Rússia, Estados Unidos), sem redução da correspondente remuneração. A semana de cinco dias começa a entrar na ordem do dia nos Estados Unidos"*.(47)

No Brasil, a jornada de trabalho é de oito horas, limite que já vem sendo observado pela legislação trabalhista, sendo que, até o advento da Constituição Federal de 1988, a duração mensal era de duzentas e quarenta horas mensais, e quarenta e oito semanais.

Embora tenha se observado avanço, este foi sensível somente nos limites mensal e semanal, e não no diário. Com relação ao assunto, muitas censuras têm sido desenvolvidas, entendendo-se que houve uma regressão, um caminhar na contramão de direção das reformas sociais, com a adoção do regime de banco de horas.

2.9. A revolução tecnológica

O aparecimento das máquinas ensinou também que não era somente o controle do tempo que influenciaria na racionalização do trabalho, pois o controle da técnica era fato a ser considerado, e, decorrentes deste, outros fatores ligados às condições de trabalho.

A tecnologia, atividade ligada ao estudo dos instrumentos e da maneira de utilizá-los, é registrada na História desde os tempos mais remotos, remetendo-nos a vários fatores sociais, motivando muitos autores a classificá-la como uma ciência social.(48)

Aristóteles justificava a escravidão pela impossibilidade das lançadeiras se moverem sozinhas, aliando a necessidade do motor humano diante da ausência do movimento autônomo e voluntário das máquinas. Nesse sentido, a tecnologia ganha relevo no campo social, pois, à medida que evolui, contribui para o recuo da escravidão.

Contudo, e pela normal rejeição ao novo, a História também registrou severas resistências à introdução da máquina como meio de produção, com o movimento operário sabotando-a, tentando impedir o seu uso. A revolta, a princípio, era contra as máquinas e não contra a tecnologia. As máquinas trouxeram algumas facilidades, mas também algumas complicações, pois, ao passo que aumentavam a produção, aumen-

---

(47) GOMES, Orlando. *Curso de direito do trabalho*. Rio de Janeiro: Revista Forense, 1998. p. 299.

(48) FRIEDMANN, Georges. *Tratado de sociologia do trabalho*. São Paulo: Cultrix, 1973. vol. I, p. 81.

tavam também os números de acidentes de trabalho. O homem precisava se adaptar à nova realidade e ao novo processo de produção. O domínio da técnica se fazia necessário.

Georges Friedmann considera a tecnologia como sendo uma ciência natural da produção e que explica a História social do nosso tempo, posição que encontra eco nas lições de Edgard De Decca, que, conforme já tivemos a oportunidade de destacar, afirma que o surgimento do sistema de fábrica parece ter sido motivado por uma necessidade muito mais organizativa do que técnica.

Capítulo III
Contribuição da Doutrina Social Cristã

3.1. A Doutrina Social Cristã

A Doutrina Social Cristã exerceu importante papel no cenário da evolução da proteção do trabalho, conforme já destacado anteriormente, nas palavras de Arnaldo Süssekind, sendo uma das fontes inspiradoras à elaboração da Consolidação da Legislação Trabalhista de nosso país, tendo como marco inicial a Encíclica *Rerum Novarum*(49), que no dizer de Irany Ferrari, com os demais documentos que se seguiram no magistério da Igreja, fez "*surgir uma reação contra o sistema de danos e injustiças que pesava sobre o homem do trabalho nesse longo período de transformação da indústria.*"(50)

Amauri Mascaro Nascimento, em sua incursão sobre o assunto, afirma o mesmo entendimento: "*Dentre as fontes do pensamento que mais amplamente defenderam a ideia de justiça social está a doutrina social da Igreja Católica, através dos seus documentos denominados encíclicas, como a Rerum Novarum (1891), que iniciou uma linha desenvolvida até os nossos dias com a Laborem Exercens (1981)*".(51)

O movimento da ideia da justiça social na doutrina cristã iniciou-se com a Encíclica *Rerum Novarum*, elaborada em 1891 pelo papa Leão XIII. Quarenta anos depois, em 1931, o papa Pio XI comemora a data com a Encíclica *Quadragesimo Anno*, e, em comemoração ao seu nonagésimo aniversário, o papa João Paulo II lança a Encíclica *Laborem Exercens* (sobre o trabalho humano), e, finalmente, em 1991, promulga-se a *Centésimo Annus.*

3.2. A Encíclica como documento da Igreja

Concluímos ser de relevância colocarmos aqui uma visão acerca da natureza das encíclicas, seu conteúdo e valor, pois são questões que, além de evidenciarem uma visão cristã sobre o trabalho humano, contribuirão para uma reflexão sobre a matéria, e assim apurar de que forma o movimento da justiça social cristã influenciou em nosso sistema. Etimologicamente, encíclica significa circular, documento necessário destinado a passar de mãos em mãos, escritos contendo orientações e recomendações.

Essa forma de transmissão de mensagem acabou por ganhar maior significado para a Igreja Católica, por ser ela a que mais se utilizou desse expediente e por ser este o método utilizado antigamente pelos bispos para se dirigirem a seus colegas de episcopado. A

(49) *RERUM NOVARUM* – Encíclica do papa Leão XIII, de 15 de maio de 1891, do latim "Das Coisas Novas", sendo a primeira sobre o trabalho, tendo como subtítulo "sobre a condição dos operários."

(50) FERRARY, Irany. *Op. cit.*, p. 27.

(51) NASCIMENTO, Amauri Mascaro. *Op. cit.*, p. 43.

partir de 1740, com Bento XIV, os papas se utilizaram das encíclicas para tratarem de questões importantes da época, sobre a doutrina da Igreja.

Como documento oficial da Igreja, embora elaboradas por especialistas no assunto, são publicadas sob o nome e autoridade do Papa. As encíclicas têm em seu conteúdo alguns aspectos internos, destinados aos bispos e demais autoridades eclesiásticas, outros externos, ao povo fiel, como é o caso da *Quadragesimo Anno* e a *Mater et Magistra*, sendo esta última publicada no Jornal do Vaticano, na 2. ed., em 15.7.1961, em latim, língua na qual foi, originalmente, redigida, e em italiano, consignando, ao seu final, tratar-se da doutrina da Igreja apostólica. A Carta Encíclica, *Mater et Magistra*, de 1961, do papa João XXIII, em seu preâmbulo, diz: *"Aos Veneráveis irmãos Patriarcas, Primazes, Arcebispos, Bispos e outros Ordinários de lugar em paz e comunhão com a Sé Apostólica, bem como a todo o Clero e Fiéis do Orbe Católico: sobre a recente evolução da questão social à luz da Doutrina Cristã."*

Recente em relação à Igreja, que soma 2000 anos de História, pois a questão social a que se refere a encíclica marca sua evolução em um passado próximo, registrada sua gênese na Revolução Industrial, com o início do movimento pela libertação do trabalho, embora a relação social de subordinação sempre tenha existido.

Mater et Magistra — Mãe e Mestra. A Carta Encíclica, *Mater et Magistra,* coloca a Igreja fundada em Jesus Cristo como a mãe e mestra de todos os povos cristãos, para os quais dirigiu as palavras sobre a questão da evolução social à luz da doutrina cristã, primando pelo exercício do trabalho humano.

A doutrina da Igreja é a Doutrina Social Cristã, tendo como seu conteúdo as verdades de fé, verdades da razão e também, simplesmente, fatos de observação, sendo necessária, para sua compreensão, uma análise crítica, interna e externa. Interna, ligada à sua autenticidade, fidelidade e finalidade, e externa, à sua autoridade, para ser compreendida em sua inteireza e em seu tempo.

Com relação à sua autoridade, se faz mister destacar que, em regra, esses documentos não são propostos como objeto de fé divina, quando se referem aos ensinamentos e orientações de sua doutrina social, mas os de conteúdo dogmático, ou seja, aqueles que contêm os dogmas da Igreja, ou a eles se referem, são rígidos e devem ser observados pelo povo fiel.

Podemos destacar as seguintes mensagens dos papas. Leão XIII escreveu: *"As Cartas Encíclicas que escrevemos em Nosso Pontificado contêm numerosos ensinamentos que os católicos devem seguir e aos quais eles devem obedecer"*. Pio XII, por sua vez, disse: *"Não se deve crer que o que é proposto nas encíclicas não pode ser de si assentimento pelo fato de que os Papas nelas não exercem o poder supremo de seu magistério. Ao magistério ordinário, aplica-se também a palavra: quem vos ouve, a mim ouve (Lucas X,16), e na maioria das vezes o que é exposto nas encíclicas faz parte já, por outro lado, da doutrina católica (...)".*

Não nos deteremos aqui no seu aspecto dogmático, visto que visamos ao estudo de sua doutrina social, principalmente no que tange ao trabalho humano, objeto de nosso estudo, notadamente no seu aspecto histórico. A influência desses documentos não foi sentida somente pelo nosso sistema, sendo fonte de inspiração em muitos países, principalmente nos de cultura cristã.

Por esse motivo, o assunto também foi objeto de reflexão e estudo de eminentes pensadores, dentre eles Mario De La Cueva, que, em sua análise sobre as doutrinas sociais relacionadas ao Direito do Trabalho, desenvolve importante crítica sobre o assunto.

A Doutrina Social Cristã, que ele chama de doutrina da Igreja Católica, tem uma extraordinária tradição, porque, além de revestir-se de valores morais e ensinamentos da Igreja, aborda questões sociais distintas de diversas épocas históricas, estampando os seus pensamentos, os quais nos dão conta de que a Igreja queria uma ciência econômica e uma economia fundada na moral.

Tal premissa justificava a intervenção da Igreja nos assuntos sociais, inclusive na relação de trabalho, razão pela qual Leão XIII recebeu diversas críticas, vazadas no sentido de que o papel da Igreja deveria restringir-se à parte espiritual e não aos problemas não afetos à sua doutrina. É evidente que esse raciocínio foi o mesmo, guardadas as devidas proporções, enfrentado pelo cristianismo na Roma antiga, quando se estabeleceu uma doutrina filosófica de separação entre política e religião, enquanto o Estado perseguia o sistema teocrata.

O sistema de governo à época da *Rerum Novarum* era outro, registravam-se o apogeu do capitalismo liberal, os primeiros anos do socialismo marxista e o princípio do movimento operário, que exigia tratamento mais humano para os trabalhadores. "*(...) é necessário, com medidas prontas e eficazes, vir em auxílio dos homens das classes inferiores, atendendo a que eles estão, pela maior parte, numa situação de infortúnio e de miséria imerecida. (....) o monopólio do trabalho e dos papéis de crédito, que se tornaram o quinhão dum pequeno número de ricos e de opulentos, que impõem assim um jugo quase servil à imensa multidão dos proletariados.(...).*"(52)

A Doutrina Social Cristã combatia a postura do liberalismo e do socialismo, por serem contrários aos princípios cristãos, atribuindo-lhes carência de orientação moral. Eric J. Hobsbawm, em seu estudo sobre a religião e a ascensão do socialismo, teve a oportunidade de registrar que: "*O movimento socialista moderno da classe operária desenvolveu-se como uma ideologia secular esmagadora e com frequência, de fato, como uma ideologia militantemente antirreligiosa. A primeira condição para se ser membro da Liga Comunista, mesmo antes de Marx ter nela ingressado, era a 'libertação de todo vínculo religioso, independência virtual de qualquer associação religiosa e de quaisquer cerimônias não exigidas pelo Direito Civil.'*"(53)

É nos ensinamentos desse mesmo autor que encontramos a reflexão sobre ideologia do movimento operário, quando assinala: "*À primeira vista, atualmente, a*

---

(52) *Rerum Novarum*, §§ 5 e 6.

(53) HOBSBAWM, Eric J. *Mundos do trabalho*. Novos estudos sobre a história operária. 2. ed. São Paulo: Paz e Terra. 1988. p. 57.

secularização parece estranha pois, no mundo em que o movimento operário moderno nasceu, a religião permanecia inseparável da ideologia do povo e fornecia a linguagem principal para a sua expressão."(54)

Para a cultura social cristã, além de seu caráter antirreligioso, as doutrinas socialistas eram falsas, injustas e prejudiciais para a classe social trabalhadora. Falsa, por proclamar como remédio para a cura do mal social a abolição de toda propriedade e bens particulares, instigando assim o ódio invejoso na classe mais humilde. Injusta, considerando que a solução socialista violava o direito de propriedade, dado ao homem pela natureza. Prejudicial à classe operária em todos os sentidos, sociais e econômicos, por não comungar com os princípios cristãos.(55)

Preconiza ainda a Carta Encíclica que o domínio não se deveria restringir somente ao produto da terra, mas também a ela, ensinando ainda que Deus não concedeu a terra ao homem para que a dominasse confusamente, pois não destinou parte dela a ninguém em particular, e, ao contrário da doutrina socialista, defendia o direito de propriedade de cada um.(56)

O trabalhador tem o direito de usufruir do fruto de seu trabalho e, se economizar, poderá adquirir um pedaço de terra para ser seu, aspiração natural do ser humano. Se lograsse êxito em seu intento, seria dele, podendo usufruir como bem entendesse, mas o coletivismo o impedia de usar livremente seu salário, frustrando assim as suas aspirações.(57)

Outra falsa premissa, destacada por Leão XIII, era com relação à onipotência do Estado, que vigiava as vidas das famílias, o que aniquilava o impulso criador dos homens.(58)

---

(54) HOBSBAWM, Eric J. *Op. loc. cit.*

(55) *"(...) Outrossim, é sumariamente injusta, por violar os direitos legítimos dos proprietários, viciar as funções do Estado e tender para a subversão completa do edifício social.(...). (...) o que nos faz homens e nos distingue essencialmente do animal, é a razão ou a inteligência, e em virtude desta prerrogativa deve reconhecer-se ao homem não só a faculdade geral de usar das coisas exteriores, mas ainda o direito estável e perpétuo de as possuir, tanto as que se consomem pelo uso, como as que permanecem depois de nos terem servido.(...)." Rerum Novarum*, §§ 8 e 11.

(56) *"(...) deve ter sob o seu domínio não só os produtos da terra, mas ainda a própria terra, que, pela sua fecundidade, ele vê estar destinada a ser a sua fornecedora no futuro. (...) Não se oponha o fato de que Deus concedeu a terra a todo o gênero humano para a gozar, porque Deus não concedeu aos homens para que a donimassem confusamente todos juntos. Tal não é o sentido dessa verdade. Ela significa, unicamente, que Deus não assinou uma parte a nenhum homem em particular (...)" Rerum Novarum*, §§ 12 e 14.

(57) *"Assim, esta conversão da propriedade particular em propriedade coletiva, tão preconizada pelo socialismo, não teria outro efeito senão tornar a situação dos operários mais precária, retirando-lhes a livre disposição do seu salário e roubando-lhes, por isso mesmo, toda a esperança e toda a possibilidade de engrandecerem o seu patrimônio e melhorarem a sua situação.(...)(§ 9)." Renum Novarum*, § 9.

(58) *"A vida humana está regida por uma lei moral, que é a lei de Deus e os seus princípios são do cristianismo. Os homens e os povos têm se afastado da lei de Cristo, deslumbrados pelo brilho do poder e das riquezas materiais. A causa real da crise que padecemos se deve ao aparecimento do materialismo histórico, que em sua essência é a continuação do espírito burguês, materialista por essência, e da corrupção dos costumes e nada se logrará no mundo se não houver uma reforma. A volta dos princípios eternos do cristianismo, e as mensagens dos Papas."* CUEVA, Mario De La. *Derecho mexicano del trabajo.* México: Porrua, 1960. p. 82.

Cônscia das críticas e da normal resistência do capital aos ensinamentos de Leão XIII, a Igreja responde, por meio de Pio XI, reprovando a teoria da autonomia e fatalidade das leis econômicas, por entender que elas existem na natureza, mas sempre é possível dirigi-las, pois têm o caráter da fatalidade física.

A economia e a moral não são ordenamentos distintos, pelo contrário, governam a moral e as leis econômicas, embora com princípios próprios originam de um mesmo manancial, que tem por destinação natural o homem. Com essas afirmações, justificava-se a posição da Igreja.(59)

3.2.1. A Encíclica como documento histórico

Enquanto documento histórico perde relevo a autoridade da fonte da Encíclica *Rerum Novarum*, razão pela qual dissentimos de alguns autores que a ela se referem por Doutrina Social da Igreja Católica e adotamos a expressão Doutrina Social Cristã.

O objetivo aqui não é evidenciar a autoridade da fonte, por ser emitida em nome do representante supremo da Igreja Católica, mas destacar a autoridade do documento, pelo seu conteúdo, pelo seu referencial histórico e social, por meio do qual se registrou a realidade da época em que foi proclamada, sendo, por isso, importante e inesgotável fonte de material de estudo, para qualquer interessado pelo assunto, independentemente de sua convicção religiosa.

É de se destacar ainda que, por tratar da Doutrina Social Cristã e não dos dogmas da Igreja Católica, não diverge dos demais ensinamentos de outras igrejas de culturas cristãs. Não podemos perder de vista, contudo, a sua vertente pela fidelidade do documento, o qual pode ser levantado no seu texto original, e a época, pelos seus registros sociais.

O documento que data de 1891, já vinha sendo preparado por outros documentos anteriores e da mesma origem, dos quais podemos destacar: *Arcanum* — 1880 — sobre a família e o patrimônio; *Diuturnum* — 1881 — sobre a origem do poder civil; *Imortale Dei* — 1885 — sobre a Igreja e o Estado; *Sapientiae cristianae* — 1890 — sobre os cidadãos cristãos; *Quod apostolici muneris* — 1878 — contra os erros socialistas,e *Libertatas* — 1888 — sobre a liberdade humana, dentre outros. A sua publicação se deu no auge do capitalismo individualista, com o objetivo de difundir a Doutrina Social Cristã, em socorro à classe operária, motivada pelo aumento das indústrias e a mudança na relação entre patrões e assalariados.

Percebe-se pelo texto da *Rerum Novarum* a preocupação com a urgência em socorrer a classe operária, com o objetivo de instruí-la da consciência de seus próprios

---

(59) *"É certo que a economia e a moral, cada qual em sua esfera peculiar, têm princípios próprios, mas é um erro afirmar que a ordem econômica e a ordem moral estão separadas e que pela mesma alheio entre si, que aquele não depende para nada deste ... pela mesma razão natural se deduz manifestamente da natureza individual e social do homem e das coisas, qual é o fim imposto por Deus ao mundo econômico ."* Encíclica *Quadragesimo Anno*, § 20.

valores e pela necessidade do espírito de solidariedade desse tecido social, para se evitar a corrupção dos costumes, diante da apatia do Estado quanto ao trabalho.[60]

Além disso, é de se destacar ainda que a época era desprovida do sistema de comunicação que hoje conhecemos — televisão, rádio, rede mundial de computadores — como também não havia um sistema político organizado em defesa da classe operária — partido político dos operários. Havia sim movimentos sangrentos, impulsionados pela revolta ao sistema e manipulados por alguns poucos líderes revoltados e desorientados.

Por esta razão a Igreja torna-se, na época, importante *elo* de transmissão de mensagens de orientação aos patrões, operários, sociedade e Estado. Ao patrão, para respeitar os direitos dos operários, colocando que entre os principais deveres dos patrões, deveria estar em primeiro lugar a obrigação de pagar um salário justo, pois de outra forma seria o mesmo que explorar a pobreza, a miséria, e especular com a indigência, coisas também reprovadas pela doutrina cristã — § 32.

Aos operários, da mesma forma, que não podiam agir de forma desorientada, deveriam respeitar os direitos dos patrões e, nas reivindicações, observarem, sempre, a moderação e a orientação divina, objetivando evitar embates sangrentos, revoltas desorientadas e outras consequências sociais — § 31.

Em síntese e em decorrência do cenário social da época, a Carta Encíclica chama para a Igreja toda a responsabilidade da solução social, com o objetivo de orientação: *"(...) Certamente uma questão desta gravidade demanda ainda outros a sua parte de atividade e de esforços: isto é, dos governantes, dos senhores e dos ricos, e dos próprios operários, de cuja sorte se trata. Mas o que Nós afirmamos sem hesitação é a inanidade da sua ação fora da igreja".*[61]

Constata a desigualdade natural entre os homens, ao mesmo tempo que destaca as necessidades que as classes sociais têm umas das outras: *"(...) Foi ela, realmente, que estabeleceu entre os homens diferenças tão multíplices como profundas (...).§ 26. (...) na sociedade, as duas classes estão destinadas pela natureza a unirem-se harmoniosamente e a conservarem-se mutuamente em perfeito equilíbrio. Elas têm imperiosa necessidade uma da outra: não pode haver capital sem trabalho, nem trabalho sem capital (...).".*[62]

A Carta Encíclica *Quadragesimo Anno*, de Pio XI, proclamada em comemoração ao quadragésimo aniversário da *Rerum Navarum*, encontra outro cenário social: nazismo, fascismo e comunismo. O final do século XIX ficou marcado pela divisão social: de um lado, os patrões, com conforto e abundância e, do outro, os operários,

---

(60) *"O século passado destruiu, sem as substituir por coisa alguma, as corporações antigas, que eram para eles uma proteção; os princípios e o sentimento religioso desapareceram das leis e das instituições públicas, e assim, pouco a pouco, os trabalhadores, isolados e sem defesa, têm-se visto, com o decorrer do tempo, entregues à mercê de senhores desumanos e à coisa duma concorrência desenfreada. § 5. (...) o monopólio do trabalho e dos papéis de crédito, que se tornaram o quinhão dum pequeno número de ricos e de opulentos, que impõem assim um jugo quase servil à imensa multidão dos proletários.(...)." Rerum Novarum*, §§ 5 e 6.

(61) *Rerum Novarum*, § 25.

(62) *Rerum Novarum*, §§ 26 e 28.

relegados à miséria. A restrição social motivou os operários a desejarem uma reforma profunda e rápida, mesmo que fosse à custa de uma revolução total. A Igreja, receosa da manifestação e entendendo estar faltando a orientação necessária à classe operária, lança a Carta Encíclica *Quadragesimo Anno*, cujo maior objetivo era resgatar os frutos da *Rerum Novarum*, na Igreja e na sociedade, e defender a doutrina social econômica, além de diagnosticar a raiz da perturbação social.

3.3. Princípios e influências

As encíclicas, como documentos oficiais da Igreja, têm os seus princípios fundamentais embasados em dados históricos, suas raízes na Bíblia — novo e antigo testamentos — nos ensinamentos de pensadores dos séculos II a X e na Doutrina de São Tomás de Aquino.

Dada a profundidade de seus ensinamentos, a Doutrina Social Cristã influenciou as legislações de inúmeros países, as legislações internacionais do trabalho e a Organização Internacional do Trabalho.

Desenvolve-se, a partir daí, uma filosofia social, tendo seu início na *Rerum Novarum*, que analisa a situação de miséria dos operários e desenvolve uma crítica profunda ao liberalismo e ao socialismo, cobrando uma posição do Estado, que deveria sair de sua condição de inércia frente a esse fato social.

O século XIX ficou marcado pelo início do embate da Igreja com a questão social, e o início do século XX ficou marcado pelo combate ao regime econômico. A Igreja não podia mais tolerar a desigualdade manifestada pelo sistema da autonomia da vontade, que marginalizava os mais fracos, os menos favorecidos, em suma, a classe operária. Era inadmissível também a posição do Estado de mero espectador no seu papel de mantenedor da ordem pública.

A classe operária só tinha o seu consolo na fé, o que motivou a iniciativa da Igreja de estabelecer um combate direto àquele ambiente de injustiças, passando a tecer suas recomendações, que causariam impactos sociais, por meio da *Rerum Novarum*, documento, a princípio, alvo de críticas e elogios, mas na verdade seus ecos só se fizeram sentir a partir do Tratado de Versalhes, que serviu de guisa e de inspiração para a legislação do trabalho de todo o mundo, com destaque para o capítulo dedicado ao problema social, além da recomendação, aos seus signatários, da adoção de princípios da Carta Encíclica de Leão XIII.

Objetivando fortalecer os seus ensinamentos, a Igreja conclama os trabalhadores para se agruparem em agremiações profissionais, apoiando-se em sua doutrina. A encíclica de Leão XIII, a *Quadragesimo Anno*, de Pio XI, seguida pela *Laborem Exercens* constituem verdadeiros códigos cristãos do trabalho.

A relação entre patrão e empregado, enquanto jurídica, nasceu da constatação social de que essa interação precisava ser protegida pelo Estado, para garantir não só o trabalho, mas também o seu produto, não só o trabalhador, mas a classe social como um todo, mas além de tudo para desarticular os movimentos coletivos. O Estado, com esse objetivo, passa a conceder direitos, o que dá origem ao Direito do Trabalho, no seu aspecto individual, como concessão do Estado.

3.4. Solução proposta pela Igreja sobre a questão social

A Igreja traça sua proposta, fundada nos princípios cristãos, com o objetivo de orientar a vida do homem e a melhoria na condição do operário, convocando todos a um esforço conjunto para perseguir esse fim, e fundando-se no evangelho e nos princípios de ordem natural, atribuindo a ela as diferenças entre os homens.

Não deixa de reconhecer, contudo, a necessidade do trabalho, assim como o fato de que as classes sociais necessitam umas das outras, pois não poderia haver capital sem trabalho, nem trabalho sem capital, conforme pode ser constatado pelos ensinamentos constantes dos parágrafos 25 a 28 da Carta Encíclica *Rerum Novarum*. Era imperiosa ainda a obediência à justiça, mas não aquela ditada pelo patrão, sem critérios e carente de orientação. Na relação de trabalho, era necessário que houvesse deveres recíprocos, para que houvesse os respectivos direitos.

Imbuída desse espírito, a Igreja traça então os deveres do operário e os deveres do capital; aqueles, consistentes no dever de fidelidade e integridade no trabalho justamente contratado, para não ferir o direito alheio, causando prejuízos ao capital, enquanto estes deveriam respeitar o operário como pessoa cristã e não como escravo, adaptar o trabalho às condições fisiológicas dos operários, respeitando sua força física, sexo e idade, pagar salário devido e necessário à sua sobrevivência, além de viabilizar o tempo necessário para dedicar-se à sua alma e à sua família. Era dever do Estado colaborar para se evitar a corrupção dos operários e não impedir o uso de suas economias. Essas constatações foram manifestadas nos parágrafos 30 a 32 da Carta de Encíclica de Leão XIII.

Buscando orientações fundadas na doutrina cristã, a Igreja também estabelece princípios de ordem sobrenatural para justificar a paz social, no sentido da criação do homem para as coisas do céu e não para as da terra, e que para a felicidade eterna não importava a abundância ou carência de riquezas, mas o seu uso.(63)

3.5. O dever do Estado na proteção do trabalho, na visão da doutrina social cristã

Vencidas as etapas de profundas orientações às classes sociais, Leão XIII traça as regras e os deveres do Estado na questão social, exaltando, inicialmente, a necessidade da honestidade administrativa na proteção do bem público, mas também dos bens

(63) *" (...) Deus não nos fez para estas coisas frágeis e caducas, mas para as coisas celestes, eternas; não nos deu esta terra como nossa morada fixa, mas como lugar de exílio. Que andeis em riqueza ou outros bens, chamados bens de fortuna, ou que estejais privados deles, isto nada importa à eterna beatitude: o uso que fizerdes deles é o que interessa. Pela sua superabundante redenção, Jesus Cristo não suprimiu as aflições que formam quase toda a trama da vida mortal; fez delas estímulos da virtude e fontes de mérito (...)." Rerum Novarum*, § 33.

particulares, devendo ser observadas a probidade dos costumes, a reta constituição familiar, a religião e a justiça, moderação na imposição dos tributos, dentre outras orientações que podem ser constatadas até nossos dias, nos mais diversos campos do Direito. Dizia ele no parágrafo 48 da Carta Encíclica, que a prosperidade deveria brotar de forma natural no seio social, mediante um projeto social, do qual a doutrina civil era carente. "*O que se pede aos governantes é um concurso de ordem geral, que consiste em toda a economia das leis e das instituições; queremos dizer que devem fazer de modo que da mesma organização e do governo da sociedade brote espontaneamente e sem esforço a prosperidade, tanto pública como particular (...).*".[(64)]

É nesse momento também que se desenvolvem as orientações quanto aos deveres do Estado na intervenção e proteção à relação entre patrão e operário: proteção ao salário, greve, descanso semanal, contrato de trabalho, salário e agremiações, capítulos comuns da *Rerum Novarum* e da CLT.

3.6. Proteção ao operário

A Doutrina Social Cristã manifesta sua preocupação com o operário e a classe operária, e enfatiza a necessidade de se retribuir com justiça a força com que o operário contribuiu, sendo, no mínimo, o necessário para a sua manutenção, tais como moradia, vestuário e fomento necessário ao seu bem-estar, ressaltando ser um dever do Estado as condições em vista a melhorar a sorte da classe operária. Nesse sentido, destacamos que os incisos IV e V do art. 7º da Constituição Federal contemplam os mesmos princípios, que já vinham sendo observados pelo estatuto obreiro. Todavia, merece relevo o fato de que esses princípios já haviam sido estabelecidos em 1891. "*(...) A equidade manda, pois, que o Estado se preocupe com os trabalhadores, e proceda de modo que, de todos os bens que eles proporcionam à sociedade, lhes seja dada uma parte razoável, como habitação e vestuário, e que possam viver à custa de menos trabalho e privações. De onde resulta que o Estado deve fornecer tudo o que, de perto ou de longe, pareça de natureza a melhorar-lhes a sorte. (...)*".[(65)]

3.6.1. Proteção ao indivíduo e à família

A proteção prescrita pela doutrina não se restringe ao operário individualmente considerado, mas a toda a classe operária, ao indivíduo, enquanto ser humano, e à família. A preocupação era mostrar que o Estado deveria observar também a classe menos favorecida, enquanto tecido social maior e mais necessitado. Destaca, por este motivo, que é dever do Estado zelar pela sociedade como um todo, notadamente a classe menos favorecida, em especial os trabalhadores. Pode-se observar, portanto, que os parágrafos 42 a 54 da *Rerum Novarum* clamavam por um projeto social do Estado, de proteção à classe menos favorecida, que só poderia contar com a sua proteção. Nota-se aí, além do clamor ao Estado, chamando-o à responsabilidade por toda a sociedade, e não

---

(64) *Rerum Novarum*, § 48.

(65) *Rerum Novarum*, § 51.

apenas pelos seus fragmentos, a lição para a necessidade de se pensar o social de forma racional e articulada, ou seja, um projeto social para socorrer a classe mais pobre das injustiças sociais, tão evidente na época. O projeto social funda-se no sentido de que o socorro do Estado não deveria vir como caridade, mas como medida de justiça social.(66)

3.6.2. Proteção à propriedade privada

A propriedade também deveria ser protegida. Além da crítica ao regime socialista, a Doutrina Social Cristã reconhece como direito do povo o direito à propriedade, que deveria ser assegurada pelo Estado. "*(...) É dever principalíssimo dos governos o de assegurar a propriedade particular por meio de leis sábias. (...)Intervenha portanto a autoridade do Estado, e, reprimindo os agitadores, preserve os bons operários do perigo da sedução e os legítimos patrões de serem despojados do que é seu.*".(67)

3.7. Prevenção às greves

A Igreja demonstra preocupação com a greve, por ser ela um fato social pelo qual se manifestava uma insatisfação coletiva, carente, portanto, de um justo tratamento, pois os que aderiam a ela eram operários em busca de seus direitos e não criminosos. A greve, na época, era considerada como crime e recurso antissocial, portanto proibida. Leão XIII frisa que a greve causava dano não só aos patrões, como também aos operários e ao comércio, além de a outros interesses sociais comuns, pondo em risco a tranquilidade pública.

A própria Igreja reconheceu, na época, que o melhor remédio era preveni-la com a autoridade de lei, mas para isso era também necessário prover as necessidades motivadoras do movimento, impedindo a exploração, reduzindo a jornada, o peso do trabalho e ofertando retribuição justa. Somente assim poderiam ser removidas as causas que precipitavam a greve. Esse princípio parece que ainda não foi devidamente ruminado e digerido pela cultura social e pelo capital.

3.8. Proteção ao descanso dominical

Buscando fundamentos na doutrina cristã, lembrando as passagens do antigo testamento (Êxodo 20,8 e Gênesis 2,7), a *Rerum Novarum* preconiza a necessidade do repouso festivo, sem que isso prestigie o ócio ou a inação total, porque desvirtuaria o verdadeiro sentido do repouso consagrado à religião. O descanso dominical objetivava tirar o operário do trabalho, para que ele se ocupasse da vida no aspecto religioso, celeste.

---

(66) *"(...) aos governantes pertence a comunidade e as suas partes: a comunidade, porque a natureza confiou a sua conservação ao poder soberano, de modo que a salvação pública não é somente aqui a lei suprema, mas a causa mesma e a razão de ser do principado; as partes, porque, de direito natural, o governo não deve visar só aos interesses daqueles que têm o poder nas mãos, mas ainda ao bem dos que lhe estão submetidos. (...) A classe indigente, ao contrário, sem riquezas que a ponham a coberto das injustiças, conta principalmente com a proteção do Estado. Que o Estado se faça, pois, sob um particularíssimo título, a providência dos trabalhadores, que em geral pertencem à classe pobre. (...)"*Rerum Novarum, §§ 52 e 54.

(67) *Rerum Novarum*, § 55.

3.9. Proteção ao trabalho dos operários, das mulheres e das crianças

O trabalho excessivo também foi alvo de orientação de Leão XIII, preocupado com aqueles que abusavam dos operários, subjugando-os. Entendendo que não era justa e nem humana a exigência de trabalhos em excesso, causando a fadiga, frisou ainda que tais excessos embruteciam o espírito e enfraqueciam o corpo, devendo, pois, o trabalho amoldar-se aos limites da natureza humana, respeitando inclusive o necessário repouso.

Nas orientações de Leão XIII acerca da proteção aos operários, pode ser constatada, de forma embrionária, a origem da fixação da jornada de trabalho, tão frequente em nossos dias, sendo preceito constante no inciso XIII do art. 7º da Constituição Federal, mas, já em 1891, dizia o papa Leão XIII: "*Não deve, portanto, o trabalho prolongar-se por mais tempo do que as forças permitem. Assim, o número de horas dos trabalhadores, e a quantidade de repouso deve ser proporcionada à qualidade do trabalho, às circunstâncias do tempo e do lugar, à compleição e saúde dos operários.*".[(68)]

Em suas preleções cita que trabalhos mais pesados tais como a extração de pedras, ferro e chumbo e outros minérios debaixo da terra devem ser compensados com uma duração mais curta. Nesse mesmo sentido destaca que, observados os limites do homem adulto, deve ser feita a mesma leitura para os limites da mulher e da criança, pois os excessos, no caso desta, poderiam prejudicar o seu normal crescimento, abreviando a sua vida útil e produtiva. "*(...) o que um homem válido e na força da idade pode fazer, não será equitativo exigi-lo duma mulher ou duma criança. Especialmente a infância, e isto deve ser estritamente observado, não devem entrar na oficina senão quando a sua idade tenha suficientemente desenvolvido nela as forças físicas, intelectuais e morais (...)*".[(69)]

Fácil perceber que esses dizeres inspiraram nossa legislação, que dedicou capítulos distintos de proteção ao trabalho da mulher e do menor. É curial destacar que despertaram também especial atenção do Estado, considerando que, na ausência de legislação sobre o trabalho e na consequente ausência de um sistema previdenciário, toda e qualquer sequela do trabalho excessivo era experimentada pela sociedade como um outro problema social a ser enfrentado pelo próprio Estado.

O trabalho excessivo e penoso em tenra idade só poderia desaguar em acidentes ou em degenerações físicas. Quando tal ocorria, o operário era descartado sem nenhum direito, sem nenhuma proteção, na maioria das vezes sujeito à mendicância.

3.10. Proteção ao patrimônio do operário

Imbuído do mesmo espírito e preocupado com a ausência de um sistema que viesse garantir a sobrevivência do operário, Leão XIII cobra do Estado, solicitando

(68) *Rerum Novarum*, § 59.

(69) *Renum Novarum*, § 60.

que este favoreça a economia do operário, pois assim ele poderia adquirir terras, o que contribuiria para o aparecimento de pequenos proprietários. Haveria mais produção agrícola e justa distribuição de riquezas.

As palavras consignadas por Leão XIII, no parágrafo 65 da Carta Encíclica, devem ser entendidas dentro de uma doutrina social, visando à proteção social do trabalhador e também à paz social, pois, de outra forma, e por causa da intervenção do Estado nas economias particulares, essa camada social se via cerceada em seus direitos de um dia deixar aquela condição de vida, como se estivesse condenada à pena perpétua de trabalhar para o empregador, ou como pena alternativa, a mendicância. "*O operário que receber um salário suficiente para ocorrer com desafogo às suas necessidades e às da sua família, se for avisado, seguirá o conselho que parece dar-lhe a própria natureza: aplicar-se-á a ser parcimonioso e obrará de forma que, com prudentes economias, vá juntando um pequeno pecúlio, que lhe permita chegar um dia a adquirir um modesto patrimônio. (...) Já vimos que a presente questão não podia receber solução verdadeiramente eficaz, se se não começasse por estabelecer como princípio fundamental a inviolabilidade da propriedade particular. Importa, pois, que as leis favoreçam o espírito de propriedade, o reanimem e desenvolvam, tanto quanto possível, entre as massas populares. (...)*".[70]

Para Ercílio A. Denny, "*(...) O erro do capitalismo foi o de inverter a ordem, dando, antes de tudo, importância à dimensão objetiva do trabalho, enquanto a dimensão subjetiva, tudo o que é em relação indireta ou direta com o próprio sujeito do trabalho, permanece sob um plano secundário. Nem o coletivismo marxista, nem as sucessivas formas de neocapitalismo e do socialismo real fugiram deste erro. A razão é que o erro do capitalismo primitivo pode repetir-se em todo lugar em que o homem seja tratado como instrumento e não segundo a verdadeira dignidade do seu trabalho, isto é, como sujeito e autor. (...) O trabalho tem prioridade sobre a propriedade. Esta deve de ser adquirida, antes de tudo, pelo trabalho. Portanto, os próprios meios de produção não podem ser possuídos contra o trabalho, não podem, também, ser possuídos por possuir, porque o único título legítimo à sua posse é que sirvam ao trabalho, para garantir, através do trabalho, a destinação universal dos bens e o direito de todos ao seu uso.*".[71]

3.11. Do salário e da liberdade de contratar

A Carta Encíclica trata do salário e da liberdade de contrato, num parágrafo de relevância para o nosso estudo, pois nele estão contidos princípios que inspiraram as legislações trabalhistas, em que acreditamos estar a gênese do princípio protetor da relação de emprego.[72]

Pela observância da situação social da época, no que tange à classe operária, constatou-se um problema social que deveria ser protegido minimamente, sob pena de fazer sucumbir o operário, a proteção ao homem do trabalho.

(70) *Rerum Novarum*, § 65.

(71) DENNY, Ercílio A. *Ética & sociedade*. São Paulo: OpiniãoE, 2001. p. 235-236.

(72) Parágrafos 10 e 11 da Carta encíclica *Rerum Novarum*.

Buscando na essência humana as respostas para essa intrincada relação social e consciente de que a igualdade social pregada pelos socialistas encontrava barreiras instransponíveis, clama para que o homem tenha consciência dessa realidade e aceite-a, pois é impossível na sociedade civil todos serem elevados ao mesmo nível — *contra a natureza todos os esforços são vãos.* A par disso, a melhor solução é reconhecer a riqueza das diferenças sociais e suas necessidades como fomento social, como combustível para a própria sociedade, mas ao mesmo tempo e em decorrência dessa própria natureza, aproximar os "ricos" e os "pobres", lembrando-os das suas responsabilidades sociais. Ao operário lembrar que a riqueza das suas forças deve ser empregada para o bem social, (...) *deve fornecer integral e fielmente todo trabalho, (...) não deve lesar o patrão, nem nos seus bens, nem na sua pessoa,* as suas reivindicações devem ser isentas de violência. Por outro lado, os patrões (...) *não devem tratar o operário como escravo,* mas respeitar a sua dignidade humana, não devem ver no trabalho mais um simples instrumento de lucro, enfim, não devem amá-lo somente na extensão da força de seus braços, e, finalmente, retribuir o trabalho de forma justa.

A simples obediência a esses princípios bastaria, por si só, para realizar uma igualdade entre as forças capital-trabalho, nos limites de suas responsabilidades sociais, além do que traça, de forma objetiva, os princípios para um acerto justo entre operário e patrão.

Com base nisso, o contrato deveria assegurar o mínimo para a subsistência do operário, mas este, por motivos diversos, poderia ver-se na necessidade de se sujeitar a um trabalho que, reconhecidamente, fosse retribuído com algo inferior às suas reais necessidades, o que seria uma violência social, com a qual a justiça não poderia se conformar.

A preocupação é tal que a Carta Encíclica registra a real necessidade de proteção à livre contratação, sugerindo que a solução deveria ser confiada às corporações ou sindicatos, com o auxílio do Estado, quando necessário.

Ainda merece destaque que a Carta Encíclica registrou várias circunstâncias, fatores e fatos sociais diversos que influenciavam na contratação.

Outra questão ressaltada no parágrafo e que hoje se faz presente em nossa legislação trabalhista é que o trabalho é pessoal — *intuito personae* — e necessário. Pessoal, porque a força ativa contratada era da pessoa a qual deveria exercer a sua "utilidade", e necessário, porque o homem necessita de empregar a força do trabalho para sua existência.

Capítulo IV
O Papel do Estado na Intervenção na Relação de Trabalho

4.1. O Estado liberal

Em passado recente, um novo conceito começou a fazer parte da cultura social, o Estado liberal, produto da superação do feudalismo.

No século XVIII, a industrialização, o desenvolvimento dos transportes, do comércio e da comunicação suscitaram novos problemas sociais a serem experimentados pelo Estado.

Ao ritmo do progresso, as exigências sociais também evoluíam, cobrando do Estado soluções emergenciais. Em função disso, a sociedade política se fortificou, desaguando na multiplicação de leis e regulamentos sociais. Os novos componentes a serem trabalhados pelo Estado exigem melhor estrutura administrativa e maior número de pessoas, assim, o Estado começa a crescer internamente e, em decorrência disso, começam a aumentar suas despesas, o que, por via oblíqua, motiva-o a novas formas de angariar receitas.

Com esse discurso e sob o argumento da necessidade de melhor acompanhar a evolução social, o Estado intervinha de todas as formas na vida dos cidadãos.

A essência do liberalismo residia na conservação de algumas conquistas conhecidas pelo espírito humano, principalmente com a Revolução Francesa, tais como a liberdade e a tolerância, sendo reconhecidas naquela as garantias individuais sobre as crenças religiosas, a palavra, a associação e a família. São conquistas que caracterizam o conceito moderno de Estado e são condições de aperfeiçoamento da dignidade da pessoa humana.

A concepção moderna de Estado, porém, traz consigo novas situações sociais que vêm evidenciar a crise da nova civilização, sentidas nas mais diversas formas e regimes de governo.

A cultura de cada sistema político estabeleceu critérios distintos de enfrentamento a essas questões, em tese comuns, mas que, em razão de valores e premissas próprias, resultaram em novos Estados totalitaristas: o Estado comunista; o Estado fascista e o Estado nazista. O Estado comunista apareceu na Rússia, em 1917, e seu lema era a redução das classes sociais a uma única classe, a proletária. O Fascismo apareceu na Itália, em 1920, o seu lema era: nada fora do Estado, nada acima do Estado, nada contra o Estado. Tudo no Estado, tudo pelo Estado. O Estado nazista apareceu na Alemanha, em 1933, e seu lema era: uma só raça, uma só moral, um só direito, uma só política: a alemã.

4.2. O Estado fascista

O regime fascista, sistema político que imperou na Europa no século XIX, consistia num sistema antiliberal e antidemocrata, defendendo a ação do Estado sobre a economia nacional, sendo o seu lema: tudo dentro do Estado, nada fora do Estado, nada contra o Estado.

Revelando a ação incisiva do Estado sobre a economia, o Fascismo registrou reflexos sobre a atividade laborativa humana, emergida de uma necessidade reconhecida pelo próprio governo que sentia os reflexos da Primeira Guerra Mundial e também da estagnação econômica ocorrida na época que desencadeou crises diversas, cujos efeitos eram os excessivos desempregos, inflação, greves, com o consequente fortalecimento das lutas de classes de forma organizada e dos partidos políticos de esquerda.

O Fascismo restringiu-se à Alemanha e à Itália, entre as duas guerras mundiais, mas influenciou outros países, embora com outras feições. O seu objetivo, em síntese, consistia em desarticular, por meio do Estado, toda manifestação organizada.

Para muitos, o referido sistema político também exerceu influência em nosso país, sendo de Amauri Mascaro Nascimento a afirmação de que a Carta Del Lavoro *"foi a base dos sistemas políticos corporativistas, não só da Itália, mas da Espanha, Portugal e Brasil, tendo como princípio a intervenção do Estado na ordem econômica, o controle do direito coletivo do trabalho e, em contrapartida, a concessão, por lei, de direitos aos trabalhadores"*.[73]

O Estado evoca para si a autonomia de dizer as regras das relações individuais de trabalho, como forma de desestimular e enfraquecer as reivindicações de forma organizada, com o objetivo, segundo Paulo Sérgio do Carmo, de despolitizar as massas trabalhadoras e desestimular a luta de classes. O mesmo autor, ao analisar o aspecto da sistematização da legislação trabalhista brasileira, destaca que se iniciou no governo de Getúlio Vargas a "ideologia da outorga", criando-se uma falsa imagem *"de que os benefícios sociais teriam sido doados à classe operária como um presente oferecido pelo Estado, mesmo antes de qualquer reivindicação operária, defendendo assim a imagem de 'pai dos pobres'"*.[74] Com base nessa reflexão, para muitos, pai dos pobres e mãe dos ricos.

Outro aspecto destacado como sendo uma falsa imagem era a questão social assumida pelo Estado a partir de 1930, disciplinando o mercado de trabalho em benefício dos assalariados, o que, segundo o cientista político Werneck Vianna, citado por Paulo Sérgio do Carmo, constituía um contrato, mas não entre o Estado e a classe trabalhadora e sim entre diferentes facções de classes dominantes.

Para Paulo Sérgio do Carmo, *"Essa concepção disfarçava a verdadeira face controladora da legislação trabalhista inspirada na "Carta Del Lavoro", do fascista italiano Benito Mussolini. Com Vargas, tratava-se de atender a algumas das reivindicações básicas dos trabalhadores para melhor contenção da luta operária"*.[75]

Para Arnaldo Süssekind, porém, a afirmação de que a comissão constituída para elaboração da consolidação da legislação trabalhista havia se inspirado no sistema

(73) NASCIMENTO, Amauri Mascaro. *Iniciação do direito do trabalho*. 25. ed. São Paulo: LTr. 1999. p. 45.

(74) CARMO, Paulo Sérgio do. *História e ética do trabalho no Brasil*. São Paulo: Moderna, 1998. p. 118.

(75) CARMO, Paulo Sérgio do. Ob. loc. cit.

fascista da Carta Del Lavoro é um ledo engano, e *"tal acusação, além de confundir o todo com uma de suas partes, revela, sem dúvida, o desconhecimento da evolução das leis brasileiras sobre o Direito do Trabalho. Dos onze títulos que compõem a Consolidação, apenas o V, relativo à organização sindical, correspondeu ao sistema então vigente na Itália. Mas, nesse tópico, a Comissão nada mais fez do que transplantar para o seu projeto os Decretos-Leis de 1939 a 1942, que organizaram o sistema sindical à luz da Constituição de 1937, então vigente, tendo por alvo a preparação das corporações cujos representantes integrariam o Conselho de Economia Nacional nela instituído (arts. 57 e 58). O título VI, referente ao contrato coletivo de trabalho, revelou as necessárias adaptações ao regime sindical adotado".*(76)

Arnaldo Süssekind, que participou ativamente da construção doutrinária e legislativa do Direito do Trabalho em nosso país, ministro do Trabalho e Previdência Social à época, revela-nos que a comissão designada para a elaboração da CLT, da qual fazia parte, adotou procedimentos distintos na árdua tarefa de sua elaboração, inspirados nas convenções internacionais da OIT e na Encíclica *Rerum Novarum*. O que ocorreu, na verdade, é que com a denominada República Nova, iniciada em 1930, com o governo de Getúlio Vargas, foi deflagrado um movimento político impulsionado pelo espírito de causar uma revolução nos costumes e mentalidades da época, que se distanciava da cultura dos países que já haviam experimentado a Revolução Industrial. O Brasil precisava ser colocado no caminho do desenvolvimento industrial. A iniciativa recebeu críticas, considerando que, para muitos, veladamente, sob o manto de uma reforma social, com vasto programa de benefícios aos trabalhadores, havia um outro objetivo, o eleitoral. Citando trechos de Joaquim Pimenta, Segadas Vianna destaca: *"Uma revolução de superfície, porque teve por ponto de convergência a conquista de postos eleitorais, muito embora houvesse atraído o concurso unânime das camadas populares."*

Destaca ainda que *"Não foi uma revolução de mentalidade, caldeada e situada no subsolo da nacionalidade brasileira, irrompendo por anseios e aspirações de um mundo novo com novas condições de existência."*(77)

Umas das primeiras iniciativas, já em novembro de 1930, foi a criação do Ministério do Trabalho, Indústria e Comércio, que passou a ser o marco referencial do desenvolvimento legislativo.

O então ministro Lindolfo Collor, o primeiro ministro titular do novo Ministério, seguindo as orientações e pensamentos políticos da época, não tardou em dar início às medidas legais destinadas a atualizar a legislação trabalhista ante a nova realidade econômica e social que se estabelecia e a par da legislação trabalhista de outros países: organização do Departamento Nacional do Trabalho, sindicalização, nacionalização do trabalho na Marinha Mercante, reforma da legislação dos caixas de aposentadoria e pensões, regulamentação do horário de trabalho para o comércio e a indústria, instituição de

---

(76) SÜSSEKIND, Arnaldo. *Op. cit.*, p. 68.

(77) VIANNA, Segadas. *Op. loc. cit.*

comissões mistas de conciliação, condições de trabalho da mulher na indústria e no comércio, inspetorias regionais do trabalho e aposentadoria e pensões dos marítimos.

José Augusto Rodrigues Pinto entende que as iniciativas fizeram, sabiamente, por queimar etapas enfrentadas por outros sistemas econômicos, para agilizar a aproximação da realidade social do Brasil com outros países, motivado pelo aspecto econômico involuído em detrimento de outros sistemas políticos. Buscou-se uma reversão, uma mudança das bases e da estrutura econômica brasileira, calcada no segmento rural e manufatureiro, para a industrial e mecanizada, marcando assim o início da Revolução Industrial brasileira. "*Tudo isso desencadeou, conforme nos parece, na fase mais importante da evolução do Direito do Trabalho brasileiro, pois em seus primeiros quinze anos lhe foi dado todo o arcabouço de que careceria a economia industrial para evoluir dentro dele, acelerando, de modo acentuado, a aproximação do Brasil aos países já industrialmente desenvolvidos da Europa e América do Norte*".[78]

A crítica de José Augusto Rodrigues Pinto, que se harmoniza com os demais pensadores, é no sentido de que esse processo "*desencadeou num sindicalismo frágil*", e aí sim pode ser sentida, com transparência, a interferência do Estado que assume "*a figura de protetor do hipossuficiente econômico*" e estabelece regramento das relações de trabalho subordinado, por meio de normas de ordem pública, no campo do direito individual.

A partir daí se seguiu, de forma acentuada, a legislação trabalhista, em nível infraconstitucional até 1934, quando os constituintes da época contemplaram os direitos econômico e social na Constituição (Título IV, arts. 115 a 143).

---

(78) RODRIGUES PINTO, José Augusto. *Direito sindical e coletivo do trabalho*. São Paulo: LTr, 1998. p. 63.

Capítulo V
Contrato de Trabalho

5.1. Considerações preliminares

A legislação trabalhista no Brasil, em que pese o inegável avanço em abandonar as teorias locativas, ao definir o contrato individual de trabalho, trouxe, em seu bojo, uma redação que vem permitindo críticas e posicionamentos distintos no que concerne aos aspectos conceituais.

Ao afirmar que se refere ao acordo correspondente à relação de emprego, leva-nos a deparar com dois conceitos. Pela ótica legislativa, temos o contrato individual de trabalho, ao passo que na doutrina são diversos os pensadores que adotaram o conceito de contrato de emprego, defendendo suas posições e tecendo críticas às imprecisões legislativas, apegando-se aos sujeitos da relação jurídica para justificarem suas proposições.

Sobre o assunto, Amauri Mascaro Nascimento adota posição defendida por Antonio Lamarca, para quem a definição legal é tautológica, porque relação de emprego e contrato individual de trabalho são a mesma coisa, considerando que este se apresenta como relação jurídica, por gerar consequência de ordem patrimonial para ambas as partes. Portanto, a relação decorrente desse contrato é uma relação jurídica de trabalho.

Amauri Mascaro Nascimento dedicou uma obra sobre o tema "contrato de trabalho", ao passo que José Martins Catharino dedicou sua obra sob o título "contrato de emprego", entendendo que a relação a ser tratada não é a de qualquer trabalho, mas de trabalho subordinado, levando à conclusão de que contrato de trabalho é gênero do qual o contrato de emprego é espécie. Os dois autores são acompanhados por diversos outros pensadores sobre o assunto.

Amauri Mascaro Nascimento destaca que a relação entre duas pessoas, seja de que tipo for, é uma relação social, mas somente passa a ser jurídica desde que relevante para o Direito. Segundo ainda o mesmo autor, o contrato de trabalho reflete uma relação jurídica, mesmo antes de ser iniciado, considerando as consequências de ordem patrimonial para ambas as partes. Essa relação que gera obrigações é uma relação jurídica de trabalho, portanto relação jurídica de trabalho e contrato de trabalho têm o mesmo significado: *"Alguns procuram distinguir a relação de emprego do contrato de trabalho: aquela se realizaria com a efetiva incrustação na empresa e seria, assim, posterior ao contrato propriamente dito. Isto porque a Consolidação das Leis do Trabalho, no art. 442, declara que 'contrato individual de trabalho é o acordo tácito ou expresso correspondente à relação de emprego'; mas essa definição é tautológica, porque relação de emprego e contrato individual de trabalho são a mesma coisa".*[79]

---

(79) NASCIMENTO, Amauri Mascaro. *Contrato de trabalho*. São Paulo: LTr, 1970. p. 21.

5.2. Denominação

Para o nosso estudo adotamos a denominação contrato de trabalho, considerando que o uso, supremo árbitro da linguagem, já consagrou a expressão, além do que a denominação que se atribui ser de origem alemã (*Arbeitsvertrag*) vem sendo adotada pelas legislações e doutrinas ocidentais (*contrato de trabajo*, *contract du travail*, *contrato del lavoro*). Levando em conta as posições doutrinárias atuais, destacamos que houve outras denominações, mas que não vingaram por sua estreiteza de significados, tais como: contrato de salário, contrato do assalariado e contrato de atividade.

Entendemos que as divergências conceituais perdem relevo: em primeiro lugar, pelo fato de que, em seu conteúdo, não existem grandes divergências de tratamento; em segundo, pelo fato de que a própria comissão para elaboração da consolidação da nossa legislação trabalhista já havia despertado para esse fato, deixando assente na exposição de motivos que, para o objeto social do novo ramo do Direito que se despontava, os termos contrato individual de trabalho e relação de emprego se equivalem e se confundem.

Concluímos, contudo, que é de rigor pedagógico tratar os assuntos contrato de trabalho e relação de emprego, em momentos distintos, considerando que se para a doutrina jurídica trabalhista, os termos se equivalem, outras ciências podem não se conformar com a proposição, por tratarem a matéria em outros sentidos. A Sociologia se preocupando com o fato social, a Economia, com o elemento econômico que envolve essa relação, dentre outros aspectos e sentidos.

5.3. Conceito

O contrato de trabalho é o núcleo central do Direito do Trabalho, por ser fonte de direitos e obrigações das partes envolvidas. Sua presença torna-se de relevância até mesmo para definir a competência para a prestação jurisdicional da matéria que o envolve. O que hoje, e para muitos, parece ser de clareza ímpar, os registros históricos nos dão conta de ser conceito que ganhou corpo apenas em passado recente. Como já tivemos a oportunidade de sublinhar, a denominação é oriunda do Direito romano — *locatio operarium* — sendo recepcionada por outros códigos, tais como o napoleônico (1804), o italiano (1865), o alemão (1916) e também pelo brasileiro (1916).

Embora seja recente sua adoção na ciência do Direito, a denominação contrato de trabalho é um pouco mais antiga, aparecendo primeiro nos livros de Economia, desde 1877. A doutrina jurídica passa a adotar o termo em 1885, segundo nos ensina Evaristo de Moraes Filho, lembrando os ensaios de Bitzer, Brentano, Schmoller, Donkwart, Oppenhiem, Hubert Valleroux, Tartufari, De Luca, Jannacone, Modica, Vadalà-Papale, Bertochi e dos tratados de Barassi e Lotmar.[80]

Evaristo de Moraes Filho registra ser a lei belga de 1900 a primeira a admitir a expressão contrato de trabalho, sendo seguida pelos franceses em 1901, e a partir daí,

(80) MORAES FILHO, Evaristo de. *Op. cit.*, p. 206.

com maior frequência, por outros povos. Para Amauri Mascaro Nascimento, porém, a denominação de contrato individual de trabalho foi usada por Hubert Valleroux em 1815 e por Fabreguet, como título de livro, em 1896.(81)

Na nossa legislação, a denominação contrato de trabalho teve origem com a Lei n. 62, de 5 de junho de 1935, atualmente estampada pelos arts. 442 e 443 da CLT. Os dispositivos em apreço nos ensinam que o contrato individual de trabalho é o acordo tácito ou expresso, correspondente à relação de emprego, podendo ser celebrado com ou sem determinação de sua duração. Ensina-nos ainda que, em relação ao objeto, pode ser de livre estipulação, desde que a pactuação não fira normas de proteção ao trabalho, aos contratos coletivos e decisões de autoridades competentes. É evidente que, seguindo os princípios de Direito, notadamente os civilistas, no que tange à formação das obrigações, o contrato também deve ter por objeto a coisa ou o fim lícito como condição essencial, que veremos oportunamente.

A partir da definição legal, Evaristo de Moraes Filho o conceitua "*como o acordo pelo qual uma pessoa natural se compromete a prestar serviços não eventuais a outra pessoa natural ou jurídica, em seu proveito e sob suas ordens, mediante salário*".(82)

Para Ives Gandra da Silva Martins Filho, o contrato de trabalho é "*aquele pelo qual uma ou mais pessoas naturais obrigam-se, em troca de uma remuneração, a trabalhar para outra, em regime de subordinação a esta*".(83)

Orlando Gomes o define como "*convenção pela qual um ou vários empregados, mediante certa remuneração e em caráter não eventual, prestam trabalho pessoal em proveito e sob direção do empregador*".(84)

Poderíamos aqui elencar outras definições, mas tal tarefa parece perder relevo, ao passo que se constata em todas elas um denominador comum, ligado à sua essência. Reconhecem os especialistas, em suas definições, que uma característica peculiar, uma singularidade do contrato de trabalho é o estado de dependência a que está sujeita uma das partes, o empregado.

A dependência não aparece de forma explícita na definição legal de contrato de trabalho. Ao reconhecer que esse contrato corresponde à relação de emprego, e, considerando que essa relação pressupõe a existência de alguns requisitos, dentre eles a dependência do empregado ao empregador, forçoso convir que a dependência de que trata a definição legal, implicitamente, é requisito essencial da formação do contrato de trabalho, como veremos a seguir.

5.4. Requisitos de formação

Como requisitos essenciais do contrato de trabalho, temos a dependência, a continuidade, a onerosidade e a pessoalidade.

---

(81) NASCIMENTO, Amauri Mascaro. *Contrato de trabalho*. São Paulo: LTr, 1970. p. 16.

(82) MORAES FILHO, Evaristo de. *Introdução ao direito do trabalho*. São Paulo: LTr, 1971. p. 206.

(83) MARTINS FILHO, Ives Gandra da Silva. *Manual esquemático de direito e processo do trabalho*. 7. ed. São Paulo: Saraiva, 1998. p. 27.

(84) GOMES, Orlando. *Curso de direito do trabalho*. Rio de Janeiro: Forense, 1998. p. 118.

5.4.1. Dependência

O termo "dependência", modernamente, vem sendo tratado por subordinação pela doutrina jurídica, em consequência das críticas que recebeu, por ser um termo genérico.

A subordinação, portanto, embora decorrente de um elemento da definição de empregado, é também elemento típico fundamental e caracterizador do contrato de trabalho, pois, inexistindo a figura do empregado, não há que se falar em relação de emprego ou contrato de trabalho.

A subordinação pode ser constatada em outros tipos de contratos de prestação de serviço, como na empreitada, por exemplo, mas não se confunde com o contrato de trabalho aqui referido, conforme veremos a seguir. Modernamente, existem diversos contratos de trabalho em que os empregados são profissionais contratados em função de sua profissão ou de seu conhecimento técnico, razão pela qual desenvolvem a atividade que conhecem e dominam com ampla liberdade de atuação profissional, o que dá uma "aparência" de inexistência de subordinação.

Para dirimir essa questão, torna-se necessário perquirir a natureza jurídica da subordinação, assunto que foi objeto de estudos de diversos especialistas, que consideraram, na maioria, o seu sentido técnico, econômico, social, moral e jurídico.

5.4.1.a. Sentido técnico da subordinação

O sentido técnico do termo "subordinação" originou-se na França, em 1905, emergindo da necessidade de um posicionamento da Sociedade de Estudos Legislativos daquele país, para distinguir o contrato de trabalho do contrato de empreitada.

O vínculo técnico surge da exploração do trabalho de outrem, que se sujeita à direção e orientação no exercício de seu trabalho, do qual se extraem dois elementos determinantes: um, ligado ao sentido da necessidade do trabalho, ou seja, de alguém que se sujeite trabalhar para outrem; o outro, no sentido de que esse mister deverá ser exercido sob as ordens de quem o contratou, desde que se revista de um caráter de tecnicidade.

No ano de 1935, a Organização Internacional do Trabalho, por meio de seu técnico E. Hertz, estabelece uma distinção entre o sentido econômico e o técnico, entendendo que o sentido econômico *"passa para segundo plano e não desempenha mais do que um papel acessório e concorre para determinar mais exatamente o estado de dependência técnica"*.[85]

Se é certo que cabe ao empregador ditar as ordens técnicas, de forma profissional e permanente, é imperioso também que se distinga a propriedade da administração, sendo que esta poderá ser exercida por um preposto daquela, detentora de capacidade

(85) MORAES FILHO, Evaristo de. *Op. cit.*, p. 220.

técnica suficiente para gerir o ramo da indústria humana explorada. Nesse sentido, o preposto detém o comando técnico, mas também está subordinado ao empregador, que detém o poder de direção, do ponto de vista jurídico.

Atualmente, o sentido técnico da dependência fica prejudicado, considerando que numa empresa na qual o grau técnico é elevado, necessariamente não se pressupõe que o empregador detenha ou deva deter o pleno conhecimento técnico. Em função do desenvolvimento tecnológico e do crescimento econômico, o empregador absorve o seu tempo com a gestão econômica da empresa, ao passo que o empregado, dedicando-se ao setor técnico, torna-se cada vez mais especializado.

Portanto, a teoria da subordinação técnica padece de atualização frente às novas realidades sociais, razão pela qual sua aplicação nas relações de trabalho que envolvam atividades técnicas específicas ou altamente desenvolvidas, deve ser entendida como sendo *"a subordinação técnica do empregador ao empregado e não como originariamente se concebeu"*.(86)

Assim, de todos os critérios para caracterizar o contrato de trabalho, o técnico é o mais impreciso. O sentido econômico contribui para fixar o conteúdo do contrato de trabalho, ao passo que o técnico nada mais é do que um dos aspectos característicos da subordinação hierárquica do empregado, em detrimento do poder de direção, controle e fiscalização do empregador. O poder de direção envolve a subordinação técnica do serviço a ser desenvolvido pelo empregado, limitando sua liberdade de ação profissional, que deverá estar condicionada a critérios estabelecidos pelo empregador. Em sentido amplo, a subordinação técnica poderia ser confundida com o próprio poder hierárquico, mas, em sentido restrito, pode ser constatado que, em algumas relações de emprego, em que o empregado exerce uma atividade especializada, como é o caso de trabalhos intelectuais, ou de alto domínio tecnológico, temos a mesma situação constatada por Rodrigues Pinto, acima anotado. Abolida a distinção entre trabalho manual e trabalho intelectual, desaparece o sentido técnico, não se prestando, por isso, como critério caracterizador do contrato de trabalho.

5.4.1.b. Sentido econômico da subordinação

Buscando o entendimento do sentido econômico do termo, encontramos a indicação de que Paul Cuche, no ano de 1913, dedicou exaustivo estudo sobre o assunto e desenvolveu a teoria inspirada na dependência do empregado. A remuneração do trabalho, sendo a única fonte de sobrevivência do empregado, deveria ainda, o empregador, absorver-lhe integralmente a atividade, de tal sorte que o mesmo não pudesse oferecer os seus serviços a outros empregadores. Dada a fragilidade da sustentação, a mesma não resiste e curva-se diante das críticas da doutrina alemã, que contemplava, em seu conceito de contrato de trabalho, algumas formas celebradas com liberdade e autonomia.(87)

---

(86) RODRIGUES PINTO, José Augusto. *Curso de direito individual do trabalho*. 3. ed. São Paulo: LTr, 1997. p. 117.

(87) MOARES FILHO, Evaristo de. *Op. cit.*, p. 220-221. Confira-se também GOMES, Orlando. Ob. cit., p. 131-133.

O critério econômico, quando apreciado de forma isolada, não serve de sustentáculo para caracterização do contrato de trabalho, devendo, portanto, ser considerado no conjunto de seus elementos, vez que, isoladamente, é imprestável para tal fim.

Cabe aqui ressaltar que é comum nos dias de hoje, pela própria necessidade econômica e social, a existência de empregado com mais de um emprego, sendo ambos os contratos protegidos pela legislação trabalhista.

5.4.1.c. Sentido social da subordinação

A dependência social, para Orlando Gomes, nada mais é do que "*uma fórmula imaginada para fundir os critérios de subordinação jurídica e dependência econômica em um conceito único mais amplo*", pelo fato de que alguns escritores que se inclinaram para o critério da dependência econômica, ao se depararem com o sucumbir de suas teses, reviram suas posições e constataram que o sentido econômico se liga ao de subordinação do trabalhador, razão pela qual fundiram as duas modalidades de dependência, resultando, dessa simbiose, uma outra fórmula, que também padece de presteza para justificar o contrato de trabalho, por ser vaga e imprecisa. O autor conclui ainda que esse critério "*não pode ser considerado, rigorosamente, um critério para reconhecimento do contrato de trabalho. A dependência econômica do trabalho existe em termos gerais e como uma questão de fato nas relações de trabalho*".(88)

É, pois, um suporte de fato sobre o qual se constata a relação jurídica, mas que não serve de guia para socorrer, de forma precisa, o critério de caracterização do contrato de trabalho, razão pela qual restou também descartado pela doutrina jurídica.

Atribui-se a origem da teoria social da subordinação à doutrina de René Savatier, ao comentar uma decisão da Corte de Cassação, em 1913, com o objetivo de justificar "*a extensão da proteção da lei de acidente do trabalho (1898) aos empregados em geral, quando os destinatários primitivos daquela lei tinham sido os operários*".(89)

5.4.1.d. Sentido jurídico da subordinação

O sentido jurídico da subordinação está ligado ao estado da efetiva dependência do empregado em face do empregador, que, por interessar ao Direito, é por ele regulado, na medida em que a sujeição daquele é da própria substância do vínculo obrigacional que se estabelece entre as partes, criando uma situação de hierarquia necessária para o desenvolvimento desse liame contratual.

A hierarquia é decorrente de uma situação livremente aceita pelas partes, o empregado na sua condição de sujeição e o empregador na sua de mando, devendo observar, além da vontade das partes, as reservas legais e o conteúdo da obrigação contratual que, pela nossa legislação, refere-se à relação de emprego.

---

(88) GOMES, Orlando. *Op. cit.*, p. 136.

(89) MORAES FILHO, Evaristo de. *Op. cit.*, p. 221.

Podemos concluir com isso que, dentre as teorias vistas, a subordinação jurídica é a única prestável a explicar a natureza jurídica da relação de emprego, por ser da própria essência do contrato individual de trabalho. É uma situação de dependência real criada pelo Direito, na qual o contrato é livre, realizado entre sujeitos de direitos e obrigações, em igualdade de condições, no sentido jurídico.

5.4.2. Pessoalidade

O pressuposto da pessoalidade nessa relação contratual é um elemento comum no contrato de trabalho de diversos países e pacífico em nossa doutrina e legislação, em que o empregado deve ser a pessoa física prestadora do serviço. O contrato se perfaz na pessoa do empregador — pessoa física ou jurídica — com o empregado — pessoa física – contratado em função de suas qualificações profissionais, razão pela qual não pode fazer-se substituir por outrem, salvo com autorização do empregador.

Conforme já tivemos a oportunidade de destacar, a característica de pessoalidade, como condição necessária na relação entre empregador e empregado, ou seja, o seu caráter *intuitu personae*, já havia sido preconizado pelo papa Leão XIII, no parágrafo 63 de sua Carta Encíclica *Rerum Novarum.*

É de se destacar ainda que, em nosso sistema, a carteira de trabalho e previdência social é documento pessoal e intransferível do trabalhador, obrigatório para o exercício de qualquer emprego, sendo objeto de capítulo próprio na CLT. Faz prova do contrato de trabalho, embora a nossa legislação admita a forma verbal como proteção à relação de emprego, como veremos a seu tempo.

5.4.3. Onerosidade

A onerosidade, além de ser elemento típico do contrato, é característica própria, considerando que remunerar, mediante prévio ajuste salarial, é a obrigação de dar, a que está sujeito o empregador, face ao trabalho recebido.

Para caracterização do contrato que se refere à relação de emprego, forçoso convir que a onerosidade é requisito, pois elimina o sentido de gratuidade dos serviços, além de criar direitos e deveres recíprocos, uma parte com a obrigação de prestar serviços, a outra com o direito de recebê-los, ao passo que assume a obrigação de pagar por eles. O pressuposto decorre de forma expressa nas definições legais de empregador e empregado, em que o primeiro "assalaria", enquanto o outro trabalha "mediante salário". A onerosidade, portanto, decorre de imposição legal, afigurando-se assim a impossibilidade de contrato de trabalho gratuito.

5.4.4. Continuidade

O pressuposto da continuidade pode ser extraído da própria definição legal, na qual se percebe preocupação em proteger a relação de emprego que envolva a prestação de serviços continuada, que possa prolongar-se no tempo, em detrimento àquela prestação acidental, ocasional, ocorrida por mero acaso da eventualidade.

A continuidade, então, deve ser vista pela ótica social de proteção ao trabalho e à relação de emprego decorrente, pois, por ser o termo relativo, fica difícil estabelecer critérios rígidos para sua definição. Basicamente, deve ser expungido do sentido de trabalho contínuo aquele que, como visto, ocorre de maneira eventual, ocasional, ou por mero acidente. Nesse sentido, o critério da intenção deve ser abandonado, uma vez que o contrato se presume existente, estando presentes os seus pressupostos.

O critério da intenção aqui referido guarda relação com o sentido estabelecido pelo art. 112 do Código Civil, mas deve ser interpretado pelo ângulo de proteção social ao contrato de trabalho.

Com o objetivo de melhor elucidar a questão, podemos exemplificar com situações nas quais a intenção dos agentes torna-se irrelevante e deve curvar-se diante do instituto.

O entendimento manifestado pelo Tribunal Superior do Trabalho, por meio da Súmula n. 331, que manifesta posição da Suprema Corte Trabalhista, em amadurecimento à posição manifestada anteriormente, por meio da Súmula n. 256, é um exemplo típico dessa proteção social do trabalho. O inciso I do Enunciado n. 331 deixou assente que a intenção perde relevo diante de uma contratação ilegal.

Se a empresa tomadora da mão de obra se utiliza do fornecimento de mão de obra por empresa interposta, vai encontrar óbice legal na contratação e, por essa razão, poderá responder pelo vínculo decorrente da relação de emprego que se estabelece diretamente com o trabalhador empregado, exceto se o contrato de trabalho original, ou seja, aquele celebrado entre o trabalhador e a empresa fornecedora, for na modalidade do contrato temporário, nos termos da Lei n. 6.019/74. Cumpre destacar que a contratação a que se refere a Lei n. 6.019/74 é aquela efetuada para atender a uma necessidade transitória de substituição de pessoal, ou decorrente de acréscimo extraordinário de serviço. Vale lembrar, se a contratação inicial estiver viciada, é nulo o contrato, sendo aplicável a primeira parte do dispositivo enunciado.

A posição da Suprema Corte Trabalhista nos parece ter sido feliz, pois visa combater o ranço do passado, que tratava o trabalho como simples mercadoria ou produto, sendo objeto de aquisição por uma empresa que o oferece no mercado para outra empresa interessada, negando o seu caráter social. O uso da mão de obra por empresa interposta deve atender aos objetivos sociais perseguidos pela lei do trabalho temporário e não servir de burla ao próprio sistema. Portanto, se este instrumento de direito for utilizado como simples objeto, desvirtuando da sua finalidade legal, nulo será o objeto do contrato. Diante dos efeitos da nulidade do contrato da fornecedora da mão de obra, forçoso convir que a relação de emprego se perpetua com o tomador dos serviços.

O inciso II da Súmula, com base no princípio da indisponibilidade da coisa pública, estabelece tratamento diferenciado para o poder público e para o empregador privado, resgatando os critérios albergados pela Lei n. 8.666/93, que, em seu art. 70, já vedava a formação do vínculo trabalhista do poder público com o trabalhador contratado por empresas contratadas para a realização de obras públicas, além da norma de ordem pública prevista no inciso II do art. 37 da Constituição Federal, a qual preconiza que a investidura no cargo ou emprego público depende de prévio concurso, exceto para os cargos em comissão.

Estamos diante de duas situações distintas: a primeira, ligada a um procedimento licitatório para a realização de obras públicas, em que a empresa vencedora do certame coloca trabalhadores para a realização dos serviços, ao passo que, na segunda, temos a contratação feita diretamente pelo órgão público, sem a observância da norma de ordem pública. Deter-nos-emos somente ao aspecto intenção na contratação, dedicando maior reflexão sobre o assunto no capítulo do contrato realidade.

O trabalho não eventual a que se refere a definição legal do contrato individual de trabalho pressupõe uma duração no tempo, criando assim obrigação permanente, o que o difere do contrato instantâneo, como é o caso do contrato de compra e venda. A partir dessa premissa, temos que o contrato de trabalho é um pacto de trato sucessivo.

A continuidade, contudo, e a teor do entendimento agasalhado pela doutrina e jurisprudência sobre a matéria, deve ser vista e entendida diante do objeto do contrato e da finalidade social do empregador, de onde decorre que a não eventualidade pode ser caracterizada com a prestação dos serviços por apenas um dia de trabalho.

Para José Martins Catharino, a dificuldade para entender a questão da sucessividade do contrato, que ele denomina de contrato de emprego, é grande, mesmo porque o conceito de serviços de natureza não eventual integra a definição legal de empregado. Portanto, para se ter uma ideia exata da dimensão do conceito do contrato de trabalho, a partir da definição legal, é necessário que o elemento que pressupõe a continuidade do contrato seja apreciado juntamente e à luz das teorias que inspiraram a legislação obreira.

Para o autor, "*o contrato de emprego tem vigência contínua, mas a relação correspondente, no sentido real, não; esta é descontínua, porque as prestações parciais de trabalho são sucessivas, intermitentes ou reticenciosas, em virtude dos descansos*".[(90)] Por tal motivo, o trabalho é descontínuo, mas não eventual. A eventualidade diz respeito ao transitório e não ao temporário.

Como critério de aferição da natureza da eventualidade, José Martins Catharino indica como necessária a investigação de sua causa nos aspectos subjetivo e objetivo, pois "*a não eventualidade funciona como suporte fático das normas trabalhistas, já que, com rigor, não integra o conceito do contrato de emprego*".[(91)]

5.5. Características

Além dos requisitos essenciais vistos, o contrato de trabalho tem suas notas características de classificação entre os pactos privados, tais como ser bilateral, consensual, oneroso, comutativo e de trato sucessivo.

---

(90) CATHARINO, José Martins. *Contrato de emprego*. p. 33.

(91) CATHARINO, José Martins. *Op. cit.*, p. 34.

Perde relevo o sentido de solenidade do contrato de trabalho, pois independe de formalidades, podendo ser, a teor da definição legal, ajustado verbalmente, em função da inspiração institucionalista que motivou a redação do art. 443 da CLT. O seu sentido consensual está ligado ao fato de que não se trata de um negócio jurídico solene ou formal, pois não depende de forma, decorre, na verdade, de uma presunção legal, ou do princípio da presunção laboral, ou, em outras palavras, da efetiva relação de emprego, na qual se os protagonistas dessa relação reunirem os elementos básicos e necessários para serem partes na relação de emprego, a efetiva prestação de serviço, sem resistência, faz presumir a existência do contrato de trabalho.

O contrato de trabalho, portanto, prescinde de formalidades legais para sua validade, bastando simples consentimento, tácito ou expresso.

A obrigação das partes para a satisfação das prestações produz direitos e deveres recíprocos para as partes envolvidas. Daí afirmar-se que o contrato de trabalho é bilateral ou sinalagmático.

Nesse tipo de contrato, as partes se obrigam reciprocamente, e por pactuarem livremente, diz-se também que é perfeito. Os direitos e obrigações pactuados devem ser equitativos.

Deve haver uma equivalência no trabalho realizado em relação à contraprestação salarial, para que haja uma justiça comutativa entre as partes contratuais. O seu sentido de duração prende-se ao fato de que ele não se esgota numa só operação, traduzindo-se numa relação permanente, ou, como visto algures, não é instantâneo e sim de trato sucessivo.

Sua onerosidade reside no fato de que não há contrato de trabalho a título gratuito, pois a lei não contempla a gratuidade na prestação dos serviços, como se depreende dos arts. 3º e 73 da CLT.

Capítulo VI
Relação de Emprego

6.1. Considerações preliminares

O trabalho humano teve a sua evolução histórica marcada por diversas etapas, erigindo-se do regime servil até a fase que o reconhece como ato de pessoa humana, passando a ser exaltado e valorizado, obtendo, por via de consequência, reconhecimento como elemento de uma relação jurídica na efetiva prestação de serviços, entre o fornecedor e o tomador da mão de obra.

A relação jurídica se dá em toda relação de trabalho, quer seja autônoma ou subordinada, interessando-nos aqui esta última que envolve a relação que se estabelece entre o trabalhador empregado, que presta serviços profissionais ao empregador, de forma juridicamente subordinada, mediante remuneração salarial, e que caracteriza a relação de emprego.(92)

Embora possam ser observadas divergências conceituais, uma vez que alguns preferem a expressão relação de emprego, enquanto outros optam pela expressão relação de trabalho para designarem a relação jurídica que se desenvolve entre empregado e empregador, na essência percebe-se um denominador comum quando convergem os estudos para a sua origem e evolução.

Como ponto de partida, temos a Revolução Industrial, marco do início de uma luta de classes em defesa de seus direitos e na qual se inicia o contorno jurídico dessa relação social.

Com o desaparecimento do sistema feudal, das corporações, do regime escravo, das manufaturas, surge no meio social, ainda de forma embrionária, a liberdade formal do trabalho, uma nova relação social que desafiava a ciência jurídica que haveria de contemplá-la, mas que, por causa dos ranços do passado, demonstrava grande dificuldade em conceituá-la, tratando-a de formas distintas: ora como compra e venda, ora como locação de serviços.

Em razão dos anseios da nova realidade social, a resistência, aos poucos, mostra-se inadequada e é forçada a dar lugar a uma nova fase, marcada pela rebelião dos fatos contra a lei.

A partir da fase civilista, em que o direito de propriedade subjugava o do trabalho, tivemos diversas outras que, por sua importância histórica, merecem destaque: o Código de Napoleão (1804), no capítulo do contrato de locação, tratou da locação de

(92) Cf. item 5.4, a subordinação jurídica é da essência do contrato de trabalho, embora não possamos ignorar que a prestação de serviços do autônomo não está totalmente despida de subordinação, mas que com aquela não se confunde.

coisas e de trabalho; o Código Civil português (1867) regulou o contrato de prestação de serviços; o Código Civil alemão (1900) regulou o contrato de serviços, separado do de arrendamento, uso, desfrute e de obras.

No nosso século XX, começam a aparecer outros modelos com maior preocupação e ênfase no social, dignificando o trabalho humano, aniquilando o absolutismo da autonomia da vontade, firmando-se o contrato de trabalho que, em sua regulamentação, vem propiciar o nascimento de um ramo distinto, que vai ganhando corpo e adquire autonomia no ordenamento jurídico, o Direito do Trabalho.

Esses referenciais são importantes marcos que também influenciaram no nosso sistema, embora, historicamente, o Brasil não tenha vivenciado as experiências por que muitos países passaram, com exceção do regime escravo já mencionado, que, uma vez superado, dá lugar a uma era comercial, em razão da concentração urbana.

Podemos perceber essa influência social no Brasil por meio da adoção da concepção locativa do trabalho, que vigorou até o advento da legislação trabalhista, que vem disciplinar, entre nós, a relação de emprego.

Um século antes, contudo, em 1830, influenciada pelo Código Civil de Napoleão e motivada pelo início de uma mudança social, surgiu, no Brasil, a primeira lei específica sobre a prestação de serviços que regulava a empreitada e a prestação de serviços por tempo determinado.

Embora as influências externas tenham sido incisivas na Legislação Brasileira, havia fatos sociais específicos de nossa economia que cobravam soluções e forçaram a geração de normas que contemplassem a realidade da época, sendo uma delas a necessidade de mão de obra, embora ainda vigente o regime escravista. Razão pela qual, em 1837, a Lei n. 108 veio regular o contrato de locação de serviços, em que figurava como sujeito de direito somente o estrangeiro, procurando favorecer a imigração de mão de obra agrícola.

Por causa do misoneísmo científico, verificaram-se sérias dificuldades em estabelecer um critério de enfrentamento para essa questão social, persistindo a locação de serviços, embora com tratamento, às vezes, distinto.

O Código Comercial de 1850, por exemplo, guardou a tradição romana e englobou, na definição de locação, a de coisa e a de serviços, o que também foi observado no Código Civil de 1916, que manteve a mesma tradição, disciplinando a locação de coisas — *locatio rei*, de serviços — *locatio operarum*, e empreitada — *locatio operis*, num mesmo capítulo.(93)

O instituto da locação de serviços, que perdurou por muito tempo, teve sua origem em Roma, cuja economia se baseava no trabalho escravo. Sendo o trabalhador romano uma propriedade, vários preconceitos pesaram sobre o trabalho livre, ou não escravo, considerado pela sociedade como atividade desonrosa.

---

(93) BEVILÁQUA, Clóvis. *Direito das obrigações*. p. 341-349.

A realidade da época induziu os romanos a cometerem equívocos ao regularem o trabalho dos que não eram escravos, designando a atividade como uma espécie do gênero contrato — *locatio condutio* —, que era utilizado para regular relações sociais sobre coisas, *locatio rei*, e do qual se desenvolveram mais duas modalidades: *locatio operarum* e *locatio operis faciendi*.

O *locatio rei* referia-se, como visto, à locação de coisa em troca de retribuição, enquanto que o trabalho humano era objeto do *locatio operis faciende* e do *locatio operarum*, sendo que o primeiro levava em consideração a execução da coisa toda e não do serviço, enquanto no segundo o que prevalecia era o serviço.(94)

Em razão da evolução social do trabalho humano, que de coisa subjugada diante da propriedade passa a ter um valor social reconhecido pela sociedade, não seria curial que a natureza jurídica dessa nova relação contemplada pelo Direito gerasse discussão sobre a sua natureza, surgindo a partir daí as teorias contratualistas e as anticontratualistas, que objetivavam explicá-la, como veremos a seguir, na abordagem sobre a relação jurídica de emprego.

Antes, porém, destaca-se que a relação de trabalho de que trata o nosso estatuto obreiro é a que se dá pelo trabalho subordinado e remunerado, nos termos da tipificação legal, o que não se confunde com o trabalho autônomo regulado em outro campo do Direito ou com o trabalho a título gratuito.

6.2. Conceito

A relação de emprego é uma relação social e também jurídica: social, por ser inconcebível uma relação fora da sociedade, e jurídica, porquanto regulada pelo Direito.

As relações sociais não são necessariamente jurídicas, pois decorrem da afetividade, dos laços de amizade, de convicções religiosas e muitas outras situações que espelham as facetas das diversas modalidades de integrações sociais inerentes ao ser humano enquanto ser social, ser político.

Interessa-nos aqui, antes de procurar entender a questão obrigacional, o fato social constatado na atividade da exploração do trabalho humano.

Com frequência, encontramos afirmações no sentido de que o Direito do Trabalho nasceu após a Revolução Industrial, declaração já destacada, que não acarreta a negação de existência anterior da relação de trabalho. Surgem neste ponto indagações de relevância, até mesmo para entender o sistema atual, que forçam a uma reflexão sobre a evolução social dessa relação, tendo como hipótese motivadora a mecanização das fábricas.

A Revolução Industrial teve início com o aparecimento das máquinas, mas o fato não suscitou somente um novo estilo de produção, registrando a História diversas

---

(94) Cf.: GOMES, Orlando; GOTTSCHALK, Elson. *Curso de direito do trabalho*. p. 110, 121; MARANHÃO, Délio. *Instituições do direito do trabalho*. vol. 1, p. 229-230. CATHARINO, José Martins. *Compêndio de direito do trabalho*. p. 173-179. NASCIMENTO, Amauri Mascaro. *Teoria geral do direito do trabalho*. São Paulo: LTr, 1998. p. 255-282.

outras consequências sociais, constatando-se também não ter sido a máquina a causadora da aglomeração de pessoas em torno das fábricas, e sim o interesse pelo controle da produção.

O nascimento das fábricas se deveu ao interesse dos capitalistas em ampliar o poder e o controle sobre a produção e sobre os trabalhadores que detinham conhecimentos técnicos e impunham a dinâmica no processo de produção, e não pelo avanço da técnica de produção.[95] Visava transferir o controle da produção que estava nas mãos dos trabalhadores para as mãos capitalistas, criando um sistema de hierarquia e disciplina no sistema de produção, que em absoluto significou progresso técnico. Muito pelo contrário, Edgard Salvadori de Decca, referindo-se a Marglim, evidencia que não foi o avanço tecnológico que determinou o agrupamento dos trabalhadores, ou a reunião no sistema de fábrica, mas foi esse sistema que possibilitou a disciplina e a hierarquização, *"já que o 'puting-out system' baseando-se na dispersão dos trabalhadores domésticos, criava algo muito problemático para o capitalista, isto é, o desvio de parte da produção, a falsificação dos produtos, a utilização de matérias-primas de qualidade inferior àquelas fornecidas pelo capitalista etc. etc.; enfim, vários tipos de 'sabotagem'"*.[96]

Perseguindo o objetivo de sua obra e em profundo trabalho investigatório sobre o nascimento das fábricas, Edgard Salvadori de Decca destaca também os ensinamentos de David Dickson, para quem, dentre as muitas razões para o nascimento do sistema de fábricas, quatro merecem destaque: a necessidade do controle e do comércio da produção dos artesãos, pelos comerciantes, objetivando o desvio de produção; viabilização do controle da produção, com o aumento da jornada e do ritmo de trabalho; controle da inovação tecnológica e a criação da figura do empresário capitalista. *"Enfim, o surgimento do sistema de fábrica parece ter sido ditado por uma necessidade muito mais organizativa do que técnica, e essa nova organização teve como resultado, para o trabalhador, toda uma nova ordem de disciplina durante todo o transcorrer do processo de trabalho. (...)"*.[97]

Conclui que os dois pontos fundamentais para constituição do sistema de fábrica consistem em que ela não decorreu de um avanço tecnológico e sim do fato de que esse avanço permitiu uma reação natural de controle e hierarquização da produção.

A partir da primeira máquina a vapor (1775)[98], muitas outras surgiram, sendo inegáveis suas influências nas condições de trabalho, no êxodo rural, dentre outras. Os aparentes atrativos da indústria serviram de chamariz ao trabalhador do campo, quase sempre sem ocupação, o que vem estimular também a concentração urbana e, em decorrência, a aglomeração da massa operária, antes dispersa no campo, causando mudanças sociais que também marcariam a História.

Nasce o proletariado, classe de trabalhadores sujeitos às condições impostas pelo empregador, às excessivas jornadas de trabalho e aos acidentes de trabalho pelas

---

(95) DE DECCA, Edgar Salvadori. *O nascimento das fábricas*. 10. ed. São Paulo: Brasiliense, 1995. p. 22.

(96) *Ibidem*, p. 23.

(97) *Ibidem*, p. 25.

(98) NASCIMENTO, Amauri Mascaro. *Fundamentos do direito do trabalho*. São Paulo: LTr, 1970. p. 18.

péssimas condições e exaustão a que eram submetidos, além da ausência de uma tutela pública ou privada, para quando não pudessem mais exercer suas atividades produtivas, geralmente abreviadas pelos acidentes e doenças.

Por causa da ausência de uma regulamentação legal, o empregador estabelecia as normas de trabalho a serem observadas pelo empregado, geralmente com vistas a contemplar a maior produção, como se o indivíduo fosse uma máquina e, uma vez ligado, o botão de desligar ficaria no bolso do patrão.

Os contratos eram verbais e suas regras podiam ser, e geralmente eram, alteradas pelo empregador, que poderia até mesmo dar por rescindido o contrato, pondo, assim, de forma unilateral, o término na relação de emprego.

O proletariado não cingiu somente a mão de obra masculina adulta, sendo grande a incidência de trabalho das mulheres e dos menores, registrando a História até mesmo caso de troca de menores por alimentação, *"aliás, as próprias paróquias — unidade administrativa civil inglesa, subdivisão territorial do Condado criada pela denominada Lei dos pobres — encarregam-se, oficialmente, de organizar esse tráfico, de tal modo que os menores tornaram-se fonte de riqueza nacional"*.[99]

Havia, segundo Amauri Mascaro Nascimento, citando estudos de Claude Fohlem, verdadeiros contratos de compra e venda de menores, e tal realidade parecia ser normal, pois, para muitos, as crianças podiam trabalhar a partir dos quatro anos de idade. Registrou também o autor outros tipos de barbárie relacionada ao trabalho infantil — a tina de água fechada a chaves, más condições sanitárias, dentre outras. O trabalho das mulheres também não era diferente, geralmente levadas aos limites da exaustão, em jornadas impostas pelo patrão de até 16 horas de trabalho por dia.[100]

Conforme aspecto histórico social do tempo, a regra não comportava exceções e não distinguia entre adultos, mulheres e menores ou mesmo o tipo de atividade, quer fosse penosa ou não, a jornada extensa era comum a todos.

As relações jurídicas, por sua vez, são aquelas decorrentes de situações sociais modeladas pelo ordenamento jurídico, ou seja, a relação social para ser jurídica precisa ser normatizada pelo Direito, ou, no dizer de Clóvis Beviláqua, *"a relação de direito é o laço que, sob a garantia da ordem jurídica, submete o objeto ao sujeito"*.[101]

É, pois, a relação de emprego que se estabelece entre o empregado e o empregador uma relação jurídica, porquanto protegida pelo Estado, por meio das regras de proteção estabelecidas, inicialmente, de forma rígida, predominando, em sua maioria, normas de ordem pública. Modernamente, entretanto, emerge uma nova fase que vem forçar o abrandamento desse sistema, por meio da flexibilização de suas regras em função até mesmo do descompasso legislativo e em homenagem ao princípio da autonomia privada coletiva.

---

(99) NASCIMENTO, Amauri Mascaro. *Op. cit.*, p. 20/21.

(100) *Ibidem*, p. 23.

(101) BEVILÁQUA, Clóvis. *Teoria geral do direito*. Rio de Janeiro: Sociedade Cultural, 1977. p. 59.

Diante desse quadro, a relação de Direito ou relação jurídica tem como elemento ato subjetivo, que se perfaz no campo objetivo com a prática concreta do ato que produza os efeitos previstos.

6.3. Origem e desenvolvimento

O surgimento da ideia da regulamentação da relação de trabalho — relação entre operário e patrão — se deu com os juristas alemães do século XIX, quando discutiam o projeto do Código Civil. As teorias desenvolvidas estavam ligadas, originariamente, às teorias civilistas, prendendo-se aos direitos das pessoas e ao direito de família. Foram, contudo, alvo de críticas sob o argumento de que seguiam inspiração romana, com abandono da tradição germânica. O fato é que estas discussões fizeram por iniciar o desenvolvimento de um pensamento sobre a diferença entre a relação de emprego e a relação decorrente da compra e venda e da locação de coisas.

Outro fator importante observado naquele contexto foram as reflexões sobre a regulamentação das relações de trabalho, que propiciaram o desenvolvimento de novos conceitos e valores sobre esse fenômeno social, pois o ingresso do operário no estabelecimento industrial fez com que as relações pessoais se intensificassem. Alia-se a este fator citado o aparecimento do empregado doméstico no seio da família. Tudo isso vem determinar o nascimento das teorias sobre as relações humanas. As discussões acerca do assunto se intensificam e, em decorrência, surgem os primeiros ensaios das teorias da relação de trabalho de forma autônoma e distinta do contrato de trabalho.

Por se tratar de algo novo, os juristas e doutrinadores se dividiam, uns, defendendo as teorias civilistas e com apego à tradição romana, no que tange à questão obrigacional; outros, dando ênfase à questão social, dentre ele Heins Potthof, Sinzheimen, Nikisch e Siebert.(102)

Para os defensores da teoria anticontratualista, como Heins Potthof, as leis deveriam ser aplicadas mesmo que fossem nulos os contratos, negando assim a sua condição como necessária para aplicação da legislação de proteção ao trabalho. Em 1922, suscita o problema entre o contrato e a relação de trabalho, entendendo que este não se confundia com a relação de troca, com fundamento contratual e referente a bens patrimoniais.

O amadurecimento de tais teorias levou à concepção do dualismo das relações de trabalho, sendo uma parte delas ligada ao contrato e a outra ligada à incorporação do trabalhador ao estabelecimento da empresa. A teoria dualista foi acentuada em 1934, com a lei de organização da frente de trabalho nazista.

Do conceito dualista duas teorias foram construídas – uma ligada à questão contratual, em que a formação do liame obrigacional precedia de um acordo de vontades, sujeitando o trabalhador a uma obrigação de fidelidade em face do "futuro" empregador, e este, por sua vez, sujeitando-se às obrigações decorrentes do contrato, como retribuição, por

(102) GOMES, Orlando. *Op. cit.*, p. 138.

exemplo. Por essa teoria, o contrato poderia ser firmado por meio da manifestação de vontade que antecedia ao efetivo início da prestação de serviços, precedendo, portanto, o efetivo ingresso do funcionário no seio da empresa; a outra teoria negava valor ao ajuste preliminar, defendendo que a relação de emprego é ato distinto e posterior e é a partir da efetiva prestação de serviços que se perpetuará a integração do indivíduo à comunidade. Desaparecendo o acordo pretérito, desaparece também qualquer distinção que possa ser feita entre o contrato de trabalho e a relação de emprego, por traduzirem os mesmos direitos de uma única fonte.

Inexistindo então qualquer distinção entre o contrato de trabalho e a relação de emprego, pouco importa a validade do contrato preliminar, que poderia até mesmo não ser levado a efeito, não trazendo por isso maiores consequências, mesmo porque a admissão não pressupõe o acordo prévio. O que determina a relação de emprego é o efetivo ingresso do empregado na empresa, para execução de um fato objetivo, o trabalho.

Essa discussão se desenvolve e ultrapassa os limites territoriais, afirmando alguns autores que a teoria alemã da relação de trabalho se identifica com a teoria da instituição de origem francesa, residindo a diferenciação somente no aspecto de que a primeira despreza o concurso de vontades, ao passo que a francesa não.

O Direito do Trabalho nasceu do crescimento e do amadurecimento dessas discussões, com finalidade tutelar, o que vem justificar as normas protetoras das relações jurídicas de trabalho. Com seu objetivo tutelar, é um campo realista do Direito e se preocupa com os fatos objetivos da vida econômica e social.

Uma de suas características é a aplicação de sua legislação, que só produz efeito após o início da execução da obrigação de trabalhar, o que vem alimentar a discussão no sentido da validade ou não do acordo prévio.

Dessa forma, com a legislação trabalhista produzindo os seus efeitos somente a partir do início da execução da obrigação de trabalhar, poderia induzir ao raciocínio equivocado no sentido de ser desconsiderado o aspecto subjetivo desse ajuste, o que não corresponde à verdade, pois as obrigações nascem no momento da execução como derivação do contrato. Portanto, existindo relação de emprego, existirá o contrato de trabalho, e é ele que condiciona a aplicação da lei trabalhista, independente de ajuste prévio.

Para os contratualistas, o prévio acordo de vontade produz efeitos jurídicos, considerando que, em virtude desse ajuste, o empregado outorga o seu consentimento em trabalhar para o empregador e este em remunerá-lo pela prestação de serviços. Vale esclarecer que o início dessa prestação de serviços não precisa, necessariamente, ser imediato ao ajuste, mas é ele que condiciona o nascimento da operação da legislação trabalhista e é pressuposto para a perpetuação do vínculo de trabalho.

Assim, para os contratualistas, a relação de emprego é um contrato, que se perfaz por meio da manifestação da vontade, condição necessária para constituição do vínculo jurídico. A teoria contratualista pode ser dividida em duas fases, uma clássica e a outra moderna, sendo a primeira marcada pela fase do estudo e designação do contrato de trabalho por meio das teorias civilistas, enquanto a outra, rejeitando a teoria civilista, desenvolve novas críticas e conceitos ao contrato de trabalho a partir da doutrina moderna, contida no Direito do Trabalho.

A teoria anticontratualista, por sua vez, nega a natureza contratual da relação de emprego. Originária da doutrina alemã, desenvolve-se em outros países sob a designação de teoria institucionalista. Na Itália, essa teoria sustentou a tese da comunidade do trabalho, em que os trabalhadores se aderiam à empresa para perseguir os objetivos da produção nacional. Assim, a empresa era uma comunidade de trabalho, com vistas à produção. Com essa visão comunitária, não existia um feixe de relações particulares, mas uma única relação, na qual prevalecia a vontade coletiva, a qual, por sua vez, se sobrepunha aos interesses particulares. Nessa relação, o tomador do serviço era o empregador, que por sua vez personificava a empresa.

Na França, foi defendida a tese de que a empresa era uma instituição, com situação estatutária e não contratual, sendo o empregador o detentor do poder disciplinar.

A par das teorias alienígenas, a legislação brasileira adota posição híbrida, ao recepcionar as duas teorias, a contratualista e a anticontratualista, na definição legal de contrato de trabalho, estampada nos ensinamentos do art. 442 da Consolidação das Leis do Trabalho. Para os doutrinadores brasileiros, a definição legal de contrato de trabalho, trazida pelo dispositivo celetista, deveu-se à composição paritária da comissão composta para elaboração do projeto da CLT, em que, dos quatro integrantes da comissão, dois eram contratualistas e dois anticontratualistas.

Proveniente do consenso da comissão, a redação final da definição legal do contrato de trabalho contemplou a teoria contratualista ao destacar a necessidade do acordo de vontades, mencionando que este acordo pode ser tácito ou expresso, e a teoria anticontratualista, ao se referir que este ajuste corresponde à relação de emprego.

Vencidas diversas etapas das discussões doutrinárias acerca do assunto, modernamente o conceito se firmou. Em que pese o caráter dualista da definição legal, é inegável entre os pensadores que o vínculo trabalhista se reveste de caráter obrigacional, portanto, a relação entre empregado e empregador é contratual, podendo tal pacto ser constituído de forma solene ou não, todavia, a sua origem deve registrar a presença de seus pressupostos, sendo um deles decorrente do princípio da presunção laboral, na qual a prestação do serviço, de maneira assalariada e subordinada ao tomador desse serviço que aceita essa prestação. O contrato de trabalho, portanto, decorre de uma aceitação tácita ou expressa, realizada de comum acordo entre as partes, porque desejam o surgimento dessa relação, sem nenhuma resistência.

Capítulo VII
Contrato Realidade

7.1. Considerações preliminares

Atribui-se a Mario De La Cueva o desenvolvimento da teoria do contrato realidade, que visa identificar a natureza mais íntima da relação individual de emprego. A importância da teoria do contrato realidade pode ser registrada em, no mínimo, dois momentos distintos, sob o prisma histórico e sob suas condições atuais.

No escorço histórico registra-se a luta do homem pelo reconhecimento de seu trabalho que, após séculos de regime servil, desperta na sociedade um sentimento de libertação que dá início à relação de trabalho livre.

Com a Revolução Industrial, o trabalhador passa a ser figura de relevo no cenário da produção e um dos protagonistas, ao lado do empregador, do desenvolvimento da nova fase da história do trabalho humano.

Essa fase faz também por despertar, no Estado e na Igreja, imbuídos do espírito de preservar a dignidade humana, a preocupação em criar condições na relação de trabalho entre o operário e o dono da fábrica. Por ser o trabalho também um fato social, vários foram os fatores que influenciaram a nova fase, que culminou com a criação do Direito do Trabalho. A preocupação primordial do Estado era com o fato de que o movimento operário opunha-se aos interesses do capital, que vinha explorando o trabalho humano sem interferência externa.

Tal realidade social despertou no Estado a necessidade de criar mecanismos de preservação da dignidade humana na relação do trabalho, atraindo para si a responsabilidade de regrar o novo segmento social.

A necessidade de um regramento próprio de proteção ao trabalho foi a razão e a motivação das normas erigidas na época, eminentemente de ordem pública, revestidas de rigidez na normatização dessa relação, criando, à guisa de proteção ao trabalhador, aparatos legais que reduziam ao mínimo a sua vontade, ou até mesmo alheios a ela, no reconhecimento da relação jurídica de trabalho. Portanto, para que houvesse proteção à classe operária, surgem normas trabalhistas que agasalham, sob o manto da nova ordem jurídica, os direitos dos trabalhadores.

Os referenciais sobre o contrato realidade nos abalizam a refletir sobre suas condições atuais. Os embates nos parecem ser os mesmos, guardadas as devidas proporções e considerando o fator tempo do embate social. Atualmente, quando se fala na fase pós-moderna, na terceira Revolução Industrial, era da informática, da globalização, verificamos que o embate social na proteção do trabalho ainda continua.

A exemplo da evolução tecnológica, a evolução social, nas últimas décadas, também foi significativa. Evoluiu também a crítica à legislação do trabalho que para muitos carece de atualização, enquanto para outros o Direito do Trabalho é um campo do Direito ainda em formação. O momento social hoje constatado é outro, pois, inconclusa ou não, contamos com uma legislação do trabalho, que traz em seu bojo o esboço de um ideal de liberdade sindical, dentre outros predicativos que caracterizam um campo autônomo do Direito.

A crítica maior reside no argumento de que existe um descompasso da legislação trabalhista com a realidade atual, considerando que a legislação foi preparada para uma sociedade pré-industrial e hoje vivemos um momento pós-industrial, no qual se vislumbra um outro problema social a ser enfrentado: o crescimento do setor de prestação de serviços em detrimento da escassez da oferta de emprego.

Novas situações surgem e precisam ser vistas à luz da realidade social, mas sem prescindir dos princípios que deram suporte para que essa realidade se tornasse possível.

A evolução social, porém, faz registrar situações atuais que incitam ao resgate de "velhos" institutos do Direito do Trabalho, como é o caso da teoria do contrato realidade, em função das mais diversas situações experimentadas e nas quais se verifica a nítida intenção de fraudar a aplicação da legislação do trabalho.

Diante desse novo quadro ganha relevo a figura do contrato realidade.

7.2. Conceito

Para alguns autores, o contrato de trabalho pode gerar obrigações mesmo antes de ser iniciado, em virtude da ordem patrimonial que envolve as partes e por refletir uma relação jurídica de trabalho. Assim, a relação de emprego e contrato individual de trabalho são a mesma coisa, sendo sua definição tautológica. Em que pese o fato de nos filiarmos a esse entendimento, já tivemos a oportunidade de destacar que, por uma questão de ordem didática, a análise desses institutos de forma separada se fez necessária. No mesmo diapasão caminhamos na análise do contrato realidade, cuja teoria se divorcia do quanto sublinhado acima, acerca do contrato de trabalho, no que tange à sua formação e caracterização.

Para caracterizar o contrato realidade é imperioso que se estabeleça entre o tomador do serviço — empregador — e o fornecedor dos serviços — empregado — a relação de emprego, que se perfaz com a efetiva prestação de serviços, nos termos definidos pela legislação do trabalho subordinado.

Portanto, perde relevo a questão obrigacional de ordem patrimonial, a qual poderia gerar direitos e deveres recíprocos aliados à manifestação da vontade das partes. Para a teoria do contrato realidade, a vontade das partes fica relegada a segundo plano, pois ela deve curvar-se diante da nova ordem jurídica, que tem por escopo a proteção da efetiva relação jurídica de trabalho.

A formação do contrato realidade opera concretamente com a efetiva prestação de serviços, momento em que a subordinação passa realmente a existir e para a qual não concorre a vontade das partes envolvidas na relação jurídica de trabalho.

Ocorre, contudo, que em épocas contemporâneas a nova ordem jurídica eclodia, quando o Direito passava a reconhecer os direitos dos operários. Houve uma normal oposição à ordem legal e a consequente procura de meios e subterfúgios para descaracterizá-la, fenômeno que pode ser observado até mesmo nos dias atuais, quando se verifica que, por motivos de ordem econômica ou por outras influências, ignoram-se os mais comezinhos princípios sociais, com o escopo de estabelecer uma relação simulada, objetivando descaracterizar a relação de emprego. Observada essa prática de fraude ao trabalho, a patologia deve ser diagnosticada para manutenção da saúde social. Assim, na teoria do contrato realidade, além da efetiva prestação de serviços, ganha relevo a valorização dos fatos em relação à sua forma, com o escopo de atingir o caráter íntimo dessa relação, para a proteção do trabalho e do homem do trabalho.

Ao tecer comentários sobre a lei trabalhista mexicana, de 1970, Mario De La Cueva frisa que, com o objetivo de fixar a terminologia da lei de 1931, mencionou a ideia de um contrato que se convertia num fato real, e usou a expressão contrato realidade. A ideia parece ter-se firmado, tendo sido observada por diversos países, inclusive o Brasil, no que tange à normatização da relação jurídica do trabalho que, na definição legal do contrato de trabalho, adotou uma teoria híbrida, por comportar em seu âmago as teorias contratualistas e anticontratualistas.

O que a princípio era uma ideia que objetivava fixar a nova terminologia legal que abandonava as teorias locativas, modernamente tem ganhado corpo, estando presente não somente na legislação, como também aceito pela doutrina e jurisprudência.[(103)]

A teoria do contrato realidade, porém, encontrou resistência entre os pensadores do Direito do Trabalho. Para alguns autores, a íntima relação de emprego estava ligada a um princípio de proteção ao trabalho que primava pela realidade dos fatos sobre a forma. A discussão ganhou destaque, e para os seus defensores o mais correto para observar a intimidade da relação de emprego seria um princípio, que passou a ser denominado de princípio da primazia da realidade, o qual não pode ser confundido com a teoria do contrato realidade. Se não podemos trocar o princípio pela norma, muito menos confundi-lo com uma ficção jurídica.

Enquanto o contrato realidade se preocupa com a constatação da efetiva relação de trabalho e o liame obrigacional dela decorrente, o princípio da primazia da realidade, sem relegar esse fato, parte do pressuposto da existência da relação de emprego e preocupa-se com os fatos seguintes e dela decorrentes, observados na sua constância, como forma de proteger a real situação constatada no ambiente de trabalho.

O contrato realidade, portanto, presta-se a constatar a efetiva relação de emprego, valorizando para tanto os fatos sobre a forma, ao passo que o princípio da primazia da

(103) CUEVA, Mario De La. *El nuevo derecho mexicano del trabajo*. México: Porrúa, 1977. p. 195.

realidade é um instituto protetor, que valoriza também os fatos sobre a forma, mas os verificados durante a constância da relação de emprego, como forma de melhor aplicar a legislação do trabalho em proteção ao próprio trabalho.

Forçoso convir, portanto, que a teoria do contrato realidade está intimamente ligada às teorias anticontratualistas ou institucionalistas, por primar pela efetiva prestação dos serviços e pelos fatos diante de sua forma, com o objetivo de constatar a efetiva relação de emprego e, por conseguinte, a existência do contrato de trabalho.

Mario De La Cueva, em ensinamentos acerca da natureza jurídica da relação individual de trabalho, conclui: "*Em razão do exposto, é que o contrato de trabalho foi denominado de contrato realidade, posto que existe, não no acordo abstrato de vontade, mas na realidade da prestação de serviços, e que é esta e não aquele acordo o que determina a sua existência.*"(104)

Volta a enfatizar o assunto em suas conclusões finais: "*O contrato de trabalho, em sua acepção de relação de emprego, é um contrato realidade, posto que existe nas suas condições reais de prestação de serviços, independentemente do que tenha sido pactuado com a limitação, que não é demais mencionar, de que essas condições não poderão reduzir os privilégios na lei, na convenção coletiva, ou no contrato coletivo.*"(105)

Outro ponto de intimidade que se constata entre a teoria do autor e a teoria anticontratualista, é quanto à aplicação das normas de proteção ao trabalho, as quais devem subsistir mesmo diante da nulidade do contrato original.

Além do fato de Mario De La Cueva desenvolver sua teoria com construções doutrinárias que guardam íntima relação com as teorias anticontratualistas alemãs, ou institucionalistas francesas e italianas, em sua obra afirma que a teoria do contrato realidade foi sustentada nos tribunais, pela primeira vez, no México, pelo ministro da Suprema Corte de Justiça daquele país, Alfredo Iñarritu, em matéria suscitada pela Junta Federal de Conciliação e Arbitragem, no décimo Juízo Civil da Cidade do México, para conhecer da reclamação apresentada por José Molina Hernandez contra a Cia. Mexicana de Petróleo El Aguila. Foi por meio dessa decisão que o então ministro Alfredo Iñarritu usou a expressão contrato realidade em decisão daquele tribunal, no qual o seu pleno "*não obstante a clareza da exposição, não se deram conta do problema proposto e sem embargos, a jurisprudência da quarta sala da Suprema Corte de Justiça passa a fazer concessões e admitir a ideia da relação de trabalho*".(106)

As bases doutrinárias parecem estar bem alicerçadas e, modernamente, pelas teorias alemãs, francesas, italianas ou mexicanas, é consenso que o Direito do Trabalho é um campo novo do Direito e que ainda está em fase de formação e evolução, haja vista os reflexos acenados com o fenômeno da mundialização do trabalho e a consequente discussão que se desenvolve em função disso, a despeito da flexibilização da legislação do trabalho.

---

(104) CUEVA, Mario De La. *Derecho mexicano del trabajo*. México: Porrua, 1960. p. 459.

(105) *Ibidem*, p. 479.

(106) *Ibidem*, p. 459.

É provável que, num futuro próximo, muitos conceitos hoje firmados sejam apenas dados de estudos históricos da origem de alguns novos institutos e/ou conceitos a serem desenvolvidos, mas não podemos perder de vista, contudo, os princípios e objetivos desse campo do Direito, que visa à proteção ao trabalho.

Permitir um avanço com perdas de conquistas e aquisições seria um retrocesso, embora com frequência assistamos, pacificamente, ao nascimento de novas normas trabalhistas que parecem ignorar totalmente os princípios e objetivos desse segmento do Direito, como é o caso, por exemplo, do contrato por prazo determinado introduzido pela Lei n. 9.601/98, do banco de horas, da Emenda Constitucional n. 24.

Por serem assuntos polêmicos e fugirem ao objetivo aqui perseguido, não teceremos comentários sobre eles, cingindo-nos a registrar, ainda nos dias atuais, a inapetência legislativa para ouvir suas bases, a ausência da cultura legislativa em ouvir os destinatários da norma jurídica.

Feitas as explanações conceituais, podemos arriscar algumas conclusões e suscitar alguns questionamentos a serem perseguidos no nosso estudo.

Na linha das conclusões e a par das ilações sobre o assunto, sinteticamente temos que o contrato realidade corresponde à efetiva relação de emprego. A afirmação decorre de uma constatação lógica, pois, mesmo em se considerando qualquer prévio acordo de vontade, ele só passará a existir a partir do cumprimento da obrigação do empregado de prestar objetivamente o seus serviços.

Parece não ser outro o entendimento esposado pelas teorias anticontratualistas, visando à constatação da relação jurídica de trabalho, bem como a teoria de Krotoschin, para quem o fato jurídico deve prevalecer sobre o ato jurídico, estabelecendo uma situação real, a qual denominou de contrato real.[107]

Outro ponto sobre o qual comungam os pensadores é quanto à extração da situação de fato e valorizá-la sobre a sua forma, para se constatar o fato real da relação.

Assim, forçoso concluir que o contrato formal é passível de fraude, o realidade não. O primeiro é produto de ajuste formal — verbal ou escrito —, o outro é produto do que se realiza naturalmente e efetivamente no campo dos fatos, da realidade social que os envolve. Decorre da presunção laboral, tácito, portanto. Eis, em apertada síntese, a estratificação objetiva da teoria, sua importância e justificativa, pois somente afastando a possibilidade de fraude ao contrato de trabalho é que poderemos falar em proteção à relação de emprego.

Vencida essa etapa temos de ter presente a clareza das afirmações acima, principalmente quanto à vontade das partes envolvidas nessa relação, que não deve ser considerada na construção da relação jurídica de emprego, pois essa possibilidade poderia viciar a construção da teoria que prima pelos fatos.

---

(107) *In* PLÁ RODRIGUES, Américo. *Princípios de direito do trabalho*. São Paulo: LTr, 1997. p. 219.

Examinemos um segundo ponto acerca do assunto: a questão da sucessividade do contrato de trabalho, que já tivemos a oportunidade de sublinhar. Sendo o contrato de trabalho, pela definição legal, o acordo tácito ou expresso correspondente à relação de emprego, temos por derivação lógica que, enquanto durar a relação de emprego, vigorará o contrato de trabalho, razão pela qual se confundem, produzindo um dos elementos caracterizadores do contrato, que é a dinâmica dessa relação, portanto de trato sucessivo em sua execução.

A verificação de tal fato é de fácil assimilação, em razão das alterações do acordo original, ao qual o dia a dia vai somando novas situações sequer imaginadas no início da relação de emprego.

A própria legislação que prima pela continuidade contratual prevê uma exceção à regra, o contrato de experiência, como forma de permitir às partes contratantes a possibilidade da realização de uma experiência profissional recíproca. No momento da contratação existe uma normal expectativa de ambas as partes. Sem saber, o empregador poderá estar contratando o futuro gerente ou diretor de sua empresa.

Evidente que o empregador somente se dará conta disso por meio da experiência profissional, da constatação de fatos diários e reais, que o convencerão, com o tempo, de que aquele elemento reúne condições para assumir tal encargo. A situação real constatada durante a constância da relação de emprego é o denominador comum que irá convencer o empregador quanto aos resultados obtidos. Podemos imaginar um caso em que a admissão original seja, por exemplo, para o cargo de auxiliar administrativo e dez anos depois o empregado esteja assumindo cargo de direção. Podemos igualmente imaginar uma relação de trabalho mal sucedida, o auxiliar contratado sendo demitido dentro de poucos meses. O contrato de trabalho, diferentemente de uma transação comercial, é de trato sucessivo.

Como dedução lógica podemos afirmar também que o contrato de trabalho é um contrato realidade, pois além de originar-se com a efetiva relação de emprego, desenvolve-se com ela e com ela se extingue.

7.3. Princípio da primazia da realidade

O desenvolvimento do princípio da primazia da realidade é atribuído a Américo Plá Rodrigues, que ganhou, com justa razão, fervorosos seguidores.(108) No Brasil, Francisco Meton Marques de Lima também compôs importante obra sobre o assunto.(109)

Observa-se nas duas obras que seus autores, ao iniciarem a digressão sobre o tema — princípio da primazia da realidade —, abrem a discussão falando sobre o contrato realidade. A preleção inicial sobre a matéria nos induz ao questionamento no sentido de se saber se a teoria do contrato realidade e o princípio da primazia da realidade também se confundem.

---

(108) PLÁ RODRIGUES, Américo. *Op. loc. cit.*

(109) LIMA, Francisco Meton Marques de. *Op. loc. cit.*

Francisco Meton Marques de Lima frisa em seus ensinamentos que o objetivo perseguido pelo princípio da primazia da realidade é o mesmo do contrato realidade, pois *"o Princípio da Primazia da Realidade, desenvolvido por Américo Plá Rodrigues, orienta o intérprete na busca da relação de emprego (situação de fato) para daí extrair-se o real contrato de trabalho. De La Cueva e Alfredo Iñarritu denominaram esse fenômeno de contrato realidade"*.[(110)]

A afirmação do autor nos autorizaria a responder afirmativamente à indagação, mas, ainda à guisa de resumo didático, concluímos ser imperioso deter melhor análise sobre o assunto, embora não seja outro o entendimento de Américo Plá Rodrigues, ao explicar sua opção pela referência ao princípio. *"De qualquer modo, esta ambivalência da expressão nos leva a pensar que, embora se continue utilizando na prática a referida locução nesse sentido, graças à sua brevidade, sua clareza e capacidade evocativa, no terreno doutrinário, torna-se preferível referir-nos ao princípio da primazia da realidade."*[(111)]

Entende o autor ser a expressão ambivalente, sendo o contrato realidade mais utilizado no campo da prática, ao passo que prefere referir-se ao princípio no campo doutrinário. Separa, assim, dois momentos distintos de aplicação, o prático e o doutrinário, deixando claro que entende tratar-se do mesmo fenômeno.

Entendemos, contudo, que não há razão para alterar a nomenclatura de um instituto no momento de sua utilização. Se for no campo da aplicação prática, ganha corpo de teoria contratual; se for evocação doutrinária, será designado de princípio. Essa conclusão, evidentemente, não poderia ser verdadeira, pois parte de premissa falsa, afinal, não se pode confundir o princípio com a teoria, muito menos atribuir valor a ele somente no campo doutrinário.

O princípio, genericamente considerado, é o ponto de partida, a origem, a causa primeira da constituição de um processo. Para Américo Plá Rodrigues, *"o princípio da primazia da realidade significa que, em caso de discordância entre o que ocorre na prática e o que emerge de documentos ou acordos, deve se dar preferência ao primeiro, isto é, ao que ocorre no terreno dos fatos"*.[(112)] Na sequência conclui: *"o significado que atribuímos a este princípio é o da primazia dos fatos sobre as formas, as formalidades ou as aparências"*.[(113)]

Em síntese, o princípio da primazia da realidade consiste em constatar a situação real experimentada pelas partes envolvidas na relação de emprego — empregado e empregador —, e para tanto busca nos fatos ocorridos nessa relação a aferição da situação que exprima a realidade, ou no dizer de Francisco Meton Marques de Lima: *"o princípio em análise consiste em que no caso de discrepância entre o que ocorre na prática e o que emerge de documentos ou acordos, deve-se dar preferência ao primeiro, isto é, ao que sucede no terreno dos fatos."*[(114)]

---

(110) LIMA, Francisco Meton Marques de. *Op. cit.*, p. 135.

(111) PLÁ RODRIGUES, Américo. *Op. cit.*, p. 223-224.

(112) *Ibidem*, p. 217.

(113) *Ibidem*, p. 227.

(114) LIMA, Francisco Meton Marques de. *Op. cit.*, p. 135.

Diante desse quadro, a aplicação do princípio não se restringe ao campo doutrinário, pois tem inspiração protetora da relação jurídica de emprego, sendo sua incidência de capital importância na identificação e caracterização do Direito do Trabalho, não só no Brasil, como em outros países, notadamente os associados à Organização Internacional do Trabalho.

7.4. Hipóteses de relevância dos fatos sobre a forma

Perquirindo as possíveis situações nas quais pudesse ser evidenciada a necessidade da aplicação do princípio, Américo Plá Rodrigues, cita como exemplo os casos resultantes de simulação, erro, falta de atualização de dados e ausência de requisitos formais.[115]

A simulação reside na intenção deliberada de se criar falsa aparência, ou falso resultado, distinto da realidade. O propósito da falsa aparência ou falso resultado pode ser buscado de diversas formas, desde a desclassificação da relação de emprego, como também por meio de situações decorrentes da vinculação dessa relação.

O erro decorre de uma ação bilateral ou unilateral. No primeiro caso temos diversos exemplos de situações em que o empregador conta com a ingenuidade do trabalhador, para propiciar a elaboração de documentação de situações não ocorridas de fato. O erro unilateral ocorre quando produzido diretamente por uma das partes, sem a interferência da outra, mas imbuída do mesmo objetivo e propósito.

A falta de atualização de dados é decorrente do caráter sucessivo do contrato de trabalho e, em razão de sua dinâmica, os documentos em regra ficam aquém da real alteração ocorrida na relação de emprego. A efetiva anotação nos registros comprova apenas, de forma inequívoca, a existência da relação de emprego, mas não as suas reais condições.

A ausência aos requisitos formais, segundo Américo Plá Rodrigues, dá-se quando o ingresso ao estabelecimento depende de prévia nomeação de algum órgão ou o cumprimento de qualquer outro requisito que seja necessário.

Diante dos casos enumerados, conclui o autor: "*Em qualquer das quatro hipóteses que mencionamos, os fatos primam sobre as formas. Não é necessário analisar e pesar o grau de intencionalidade ou de responsabilidade de cada uma das partes. O que interessa é determinar o que ocorra no terreno dos fatos, o que poderia ser provado na forma e pelos meios de que se disponham em cada caso. Porém demonstrados os fatos, eles não podem ser contrapesados ou neutralizados por documentos ou formalidades*".[116]

---

(115) PLÁ RODRIGUES, Américo. *Op. cit.*, p. 227-228 – cf. – Francisco Meton Marques de Lima, à guisa de hipóteses em que os fatos se distanciam da forma, segue os passos de Américo Plá Rodrigues, citando os mesmos exemplos: simulação, erro, falta de atualização de dados e ausência de requisitos formais para a formalização do ato. *Op. cit.*, p. 136.

(116) PLÁ RODRIGUES, Américo. *Op. cit.*, p. 228.

Capítulo VIII

A Teoria do Contrato Realidade no Direito do Trabalho Brasileiro

8.1. A personalização do empregador

Como já tivemos a oportunidade de anotar anteriormente, o ministro Marcondes Filho, pela Portaria n. 791/42, de 29 de janeiro de 1942, nomeou uma comissão de dez membros para elaborar o anteprojeto da Consolidação das Leis do Trabalho e Previdência Social, a qual foi desdobrada em dois grupos, sendo que um dedicou-se à preparação da questão previdenciária, e o outro, especificamente, ao Direito do Trabalho. Este último grupo de trabalho contou com a participação de Luiz Augusto do Rego Monteiro, Arnaldo Süssekind, Dorval Lacerda, José de Segadas Vianna — procuradores da Justiça do Trabalho — e Oscar Saraiva — consultor jurídico do Ministério do Trabalho.(117)

A situação enfrentada, na época, pela comissão encarregada de consolidar as leis do trabalho exigia não somente uma simples compilação e sistematização da legislação existente, mas uma reflexão para atingir o fim a que realmente se almejava, de se criar um campo novo e específico de proteção ao trabalho, rompendo com as teorias civilistas.

O contrato de trabalho instituído pela Lei n. 62/35 não apresentava a solução perseguida pela comissão, pelo fato de seu conteúdo ser carente de disposições elementares que o caracterizassem e o distinguissem dos demais contratos. Não dispunha sobre o seu tipo, formação, possibilidade de alteração, suspensão e interrupção, além do fato de que o salário, elemento essencial do contrato de trabalho, era regulado, de forma precária, pelo Código Comercial de 1850 e pelo Código Civil de 1916.

Além do contrato de trabalho e do salário, novos conceitos precisavam ser enfrentados pelo grupo de trabalho encarregado da elaboração da CLT, dentre eles o de empregador, pois o país deixava sua cultura eminentemente agrícola e passava a aspirar à produção industrial. Em função disso, a figura do patrão acabava ficando cada vez mais distante do contato direto com o empregado que, em muitos casos, nem o conhecia. Como consequência desse fenômeno, surge um novo conceito para a figura do patrão, a empresa. Personaliza-se, portanto, a figura do empregador na empresa, ficção jurídica, emprestado da ciência econômica, que não se confunde com a pessoa jurídica ou o termo firma.

8.2. A despersonalização do empregador

Aliado às discussões acerca do contrato de trabalho, o conceito de empregador suscitou divergência entre os interlocutores do grupo de trabalho encarregado da elaboração da

(117) VIANNA, Segadas. *Instituições de direito do trabalho*. 15. ed. São Paulo: LTr, 1995. p. 65.

legislação obreira, em função da proposta de Luiz Antônio Rego Monteiro, que sugeria a adoção da expressão "empresa" como sujeito de direito na relação de emprego.(118)

Em decorrência do amadurecimento da discussão e do consenso da comissão, surge a definição legal de empregador, inserta no art. 2º da CLT, como sendo: "a empresa, individual ou coletiva, que, assumindo os riscos da atividade econômica, admite, assalaria e dirige a prestação pessoal dos serviços".

Nas lições de Segadas Vianna encontramos a afirmação de que o texto "*porque tentou conciliar teorias inconciliáveis, não traduziu com clareza o escopo da maioria da comissão, que foi o de enfatizar que o elemento básico do contrato de trabalho é a empresa, pouco importando a mudança na sua propriedade ou qualquer alteração na sua estrutura jurídica, tal como explicitado no art. 448 da CLT*".(119)

O art. 448 reforça o entendimento esposado pela comissão no sentido de proteger o trabalho e, por via oblíqua, o sujeito de direito na pessoa do trabalhador, frisando que a alteração da propriedade ou da estrutura jurídica da empresa não afetará o contrato de trabalho.

A empresa como sujeito de direito tem resultado controverso até mesmo nos dias de hoje, em função da teoria da despersonalização do empregador, a qual descaracteriza a figura do patrão individualmente considerado. Sobre o assunto, com muita propriedade, José Augusto Rodrigues Pinto leciona: "*A conjugação do desenvolvimento tecnológico e da exigência de capitais, progressivamente maiores para a organização da empresa, que evolui a partir da Revolução Industrial, gerou o que se costuma apelidar de fenômeno da despersonalização do empregador.*"(120) Penso que o mais acertado seria dizer despersonalização do patrão, individualmente considerado, fenômeno que personaliza o empregador na empresa, a qual, para efeitos trabalhistas, não podemos confundir com pessoa jurídica.

Segundo ainda as explicações do autor, na época das corporações, as primeiras atividades industriais já acenavam com a exigência de um modelo de empresa, pois a figura do empregador, fisicamente representado, participando diretamente da produção, não mais atendia às necessidades do progresso industrial.

Além do fato de a expansão do negócio industrial exigir um modelo diferente de controle, o processo de produção perde o seu caráter artesanal e caminha para um sistema cada vez mais exigente, o qual passa a valorizar, em detrimento da evolução tecnológica, a sistematização da produção e o fator tempo, condições que favorecem a associação de empregadores para constituição de capital. "*Isso começou a retirá-lo da presença de seus subordinados e a substituir a pessoa física, individual, pela jurídica, coletiva, na titularidade da empresa.*"(121)

---

(118) VIANNA, Segadas. *Op. loc. cit.*

(119) VIANNA, Segadas. *Op. cit.*, p. 70.

(120) RODRIGUES PINTO, José Augusto. *Curso de direito individual do trabalho*. 3. ed. São Paulo: LTr, 1997. p. 139.

(121) RODRIGUES PINTO, José Augusto. *Op. loc. cit.*

Com isso, o contato direto entre empregado e empregador começa a ser estabelecido por novas figuras intermediárias, de acordo com a evolução e a complexidade da organização econômica, levando, em muitos casos, o empregado a não conseguir identificar a pessoa de seu patrão, pois este despersonaliza-se, ou seja, a personificação do empregador-empresa em detrimento da desidentificação do patrão, individualmente considerado. "*Nisso consiste a despersonalização do empregador, espécie de quadro que, no verso, mostra o aspecto oposto, a personalização da empresa.*"(122) Pensamos que o mais acertado seria afirmar que esse fenômeno acaba por despersonalizar a figura do patrão, individualmente considerado, para colocá-lo no campo profissional da exploração habitual de atividade econômica lucrativa, quer seja industrial, comercial ou de serviço, que se utiliza da mão de obra de pessoa física para satisfação de seu mister, personificando-se, assim, uma nova figura no cenário social, o empregador. Este, por sua vez, e para os fins almejado pelo campo do Direito do Trabalho, pode explorar sua atividade sozinho ou com outras pessoas, personificando-se assim a empresa.

A personalização da empresa, portanto, decorreu de um fato social que levou as pessoas a se unirem em função de um objetivo comum, a formação de uma organização, com personalidade e vocação próprias, independentes da personalidade e vontade de seus participantes, visando, evidentemente, a fins comuns, sociais e objetivos lícitos, além dos aspectos econômicos.

Raimar Richers questiona: "*O que existe em comum entre a Volkswagen, a Rede Globo e a padaria da esquina?*" É ele mesmo quem responde à reflexão: "*Muita coisa. Todas prestam serviços, têm seus lucros e seus empregados. Produzem ou comercializam bens ou serviços e assim satisfazem as necessidades das pessoas. Influenciam comportamentos e criam modas. Todas são empresas*".(123)

Perseguindo o objetivo de suas reflexões, destaca: "*(...) O que caracteriza uma empresa como tal não é o seu tamanho, nem o que ela produz ou vende, mas o fato de transacionar bens ou serviços entre partes interessadas. Ela age como transformador e intermediário de recursos (matérias-primas, dinheiro, tecnologia, conhecimentos, produtos, etc.) entre si e os usuários destes recursos. (...)*".(124) Partindo da premissa desse conceito, conclui: "*(...) Tanto os produtores quanto os distribuidores deste processo são empresas, porque se organizam com o intuito de contribuir a uma fase do processo de transação econômica de bens e serviços entre grupos sociais. (...) uma empresa é uma organização que se propõe a, regularmente, transacionar insumos e/ou transacionar bens que considera úteis para a sociedade, sejam eles matérias-primas, produtos semifabricados, bens industriais, bens de consumo ou serviços. Pelo esforço de útil, a empresa espera ser remunerada. Não só todos os seus insumos devem ser cobertos pelos preços de venda de seus produtos, como também os salários de seus funcionários e executivos. Ademais, a empresa espera auferir um diferencial*

(122) RODRIGUES PINTO, José Augusto. *Op. cit.*, p. 141.

(123) RICHERS, Raimar. *O que é empresa*. São Paulo: Brasiliense, 1986.

(124) RICHERS, Raimar. Ob. cit., p. 7.

entre custos totais e o seu preço de venda, ou seja, um lucro que lhe permita remunerar os riscos dos seus investidores e reinvestir uma parte destes lucros para poder crescer (...)".(125)

Surge assim, um conceito econômico de empresa.

O conceito econômico de empresa fornece as guias para o desenvolvimento do seu conceito jurídico. Para Carmem Carmino, a empresa é definida *"como o conjunto de pessoas e de bens, materiais e imateriais, organizada com determinado fim econômico. Traduz a ideia de atividade econômica, de movimento, portanto é um conceito dinâmico."*(126)

José Augusto Rodrigues Pinto define empresa como sendo *"a organização destinada a realizar um fim determinado, econômico ou não, mediante a utilização permanente de energia pessoal de empregados, sob a direção e retribuição do organizador"*, tomando por referência os elementos básicos da relação de emprego e a ideia de organização.(127)

Basicamente podemos distinguir a sociedade de pessoas com objetivos comuns em dois tipos: a sociedade civil e a sociedade comercial. A primeira, regulada pelo Direito Civil, formada por duas ou mais pessoas para explorar uma atividade específica, podendo ter objetivo econômico ou não, ou seja, ela poderá perseguir o objetivo de lucro ou ser simplesmente uma sociedade sem fins lucrativos. Nesse caso, é considerada empregador por equiparação, nos termos do § 1º do art. 2º da CLT. Na sociedade comercial, ou empresarial, de acordo com a terminologia adotada pelo Código Civil de 2002, por sua vez, não se admite a sua formação sem o objetivo de lucro, ou seja, o resultado da remuneração destacado por Raimar Richers, cuja definição encontra amparo na nossa legislação.

O sentido de empresa, no Direito do Trabalho, toma por base o objetivo de empreendimento ou organização com fins de exploração habitual de determinado segmento profissional, razão pela qual se admite a sua formação individual, ou seja, desprende-se do sentido de sociedade para formação da sociedade empresarial.

O empregador é a empresa, no sentido de identificação do indivíduo ou grupo de indivíduos que se dediquem, com objetivos econômicos ou não, à exploração de determinado fim e para isso se utilizem de mão de obra subordinada e assalariada. Não é, portanto, um conceito pessoal (pessoa física ou jurídica).

No Brasil temos três tipos de empregador: o empregador urbano, nos termos do art. 2º da CLT, que adotou a teoria da integração do trabalhador (empregado) na organização de pessoas e bens, independentemente da pessoa ou pessoas detentoras do empreendimento; o empregador doméstico, nos termos da Lei n. 5.859/72, como sendo a pessoa ou a família; e o empregador rural, nos termos do § 3º da Lei n. 5.889/73, que atenua o sentido institucional adotado pela CLT, e define-o como sendo a pessoa física ou jurídica que explore atividade agroeconômica, mediante a utilização de mão de obra de empregado.

---

(125) RICHERS, Raimar. Ob. loc. cit.

(126) CARMINO, Carmem. *Direito individual do trabalho*. 2. ed. São Paulo: Síntese, 1999. p. 102.

(127) RODRIGUES PINTO, José Augusto. *Curso de direito individual do trabalho*. 3. ed. São Paulo: LTr, 1997. p. 147.

Vale ressaltar ainda que, para a maioria dos doutrinadores da área jurídica trabalhista, a teoria da subordinação técnica tem sua gênese no modelo anterior a essas revoluções, no qual o papel do empregador, na qualidade de detentor do capital, era organizar a produção, mas participando dela juntamente com os seus subordinados.

Nesse sentido entendemos que também não diverge o entendimento doutrinário daquele esposado por Raimar Richers, que leciona: "*(...) Hierarquização: para colocar e manter a casa em ordem não basta evidentemente descrever e atribuir funções a cada uma das empresas do sistema. É preciso também determinar suas relações de autoridade e responsabilidade: quem está subordinado a quem, dentro de que fluxo de comunicações e tarefas interdependentes. Da análise desta questão resultou a hierarquização da empresa moderna, totalmente distinta da empresa tradicional, onde o dono atribuía tarefas aos subordinados e coordenava a sua execução diretamente, de acordo com o tipo de cada encomenda*".[(128)]

O poder diretivo do empregador evoluiu de acordo com os novos conceitos albergados pelo Direito do Trabalho, autorizando-o a legislar internamente em sua empresa, por meio de estatutos e regulamentos próprios, objetivando a administração do trabalho, dentre outros assuntos de interesse de organização da empresa, sem, contudo, extrapolar os limites externos, ou seja, a legislação de proteção ao trabalho.

8.3. A desconsideração da pessoa jurídica

A finalidade da empresa, contudo, pode ser desvirtuada com o objetivo de causar prejuízos a terceiros, ou esses prejuízos decorrerem de abuso do direito por parte da própria organização, deixando assim de ser sujeito de direito, para ser um mero objeto para fins escusos, com o qual não pode se conformar o Direito.

Se a personalização da empresa visava a objetivos legais, a desconsideração desses preceitos poderá ocasionar o efeito inverso, ou seja, a sua despersonalização, a sua desconsideração como pessoa jurídica.

Em socorro de situações como essas surgiu, na Inglaterra, por meio de criação jurisprudencial, a teoria que passou a ser conhecida como a teoria da despersonalização da pessoa jurídica (*disregard of legal entity*). Em síntese, essa teoria visa evitar o abuso do direito praticado por meio da pessoa jurídica, desconsiderando a sua personificação para responsabilizar as pessoas de seus sócios. Embora tenha surgido na Inglaterra, registra-se o seu desenvolvimento nos Estados Unidos, sendo adotada atualmente por diversos países, inclusive o Brasil. Em nosso país, a teoria da desconsideração da pessoa jurídica é aceita não só pela doutrina, como pelas próprias legislações e pela jurisprudência.

8.3.1. A superação da personalidade jurídica no campo doutrinário

No campo doutrinário é oportuno destacar que o "fenômeno" da despersonalização do empregador é observado pelo Direito, com o objetivo de manter o rigor do sistema, a seriedade e os objetivos sociais almejados pelo ordenamento jurídico.

---

(128) RICHERS, Raimar. *Op. cit.*, p. 14.

Maxilianus Cláudio Américo Füher atribui a Rubens Requião a introdução dessa teoria em nosso país, por meio de conferência proferida na Faculdade de Direito da Universidade Federal do Paraná, assinalando que "*no estrangeiro a teoria tem recebido o nome de disregard of legal entity (desconsideração da entidade legal), lifting the corporate veil (levantamento do véu corporativo), durchriff der juristischem person (penetração através da pessoa jurídica) superamento della personalità giuridica (Itália), ou teoria de la penetración (Argentina)*".(129)

Nas lições de Rubens Requião encontramos: "*Ora, diante do abuso de direito e da fraude no uso da personalidade jurídica, o juiz tem o direito em seu convencimento, se há de consagrar a fraude ou o abuso de direito, ou se deva desprezar a personalidade jurídica, para, penetrando em seu âmago, alcançar as pessoas e bens que dentro dela se escondem para fins ilícitos ou abusivos. Se a personalidade jurídica constitui criação da lei, como concessão do Estado, objetivamente, como diz Cunha Gonçalves, a realização de um fim, nada mais transcendente do que se reconhecer ao Estado, através de sua Justiça, a faculdade de verificar se o direito concedido está sendo adequadamente usado. A personalidade jurídica passa a ser considerada doutrinariamente um direito relativo, permitindo ao juiz penetrar o véu da personalidade para coibir os abusos ou condenar a fraude através de seu uso (...)*".(130)

No campo da doutrina jurídica trabalhista, o cenário não é diferente, comungando os autores com a assertiva de que a limitação legal da responsabilidade dos sócios é incompatível com o princípio protetor do Direito do Trabalho, notadamente quando essa limitação é usada como burla ao próprio Direito. Acresce ainda o fato de que são do empregador a responsabilidade e os riscos da categoria econômica, não do empregado, que contribui apenas com a força de seu trabalho. O que deve ser relevado é o fato de que a responsabilidade dos sócios é subsidiária em relação à empresa, mas solidária entre eles.

8.3.2. A superação da personalidade jurídica na jurisprudência

No campo da jurisprudência, o cenário não é diferente, tendo suscitado até mesmo do Supremo Tribunal Federal posicionamento nesse sentido:

> O art. 35 da Lei n. 7.713/88 encerra explicitação do fato gerador, alusivo ao imposto de renda, fixado no art. 43 do Código Tributário Nacional, mostrando-se harmônico, no particular, com a Constituição Federal. Apurado o lucro líquido da empresa, a destinação fica ao sabor de manifestação de vontade única, ou seja, do titular, fato a demonstrar a disponibilidade jurídica. Situação fática a conduzir a pertinência do princípio da despersonalização. STF – RE172058/SC – DJ 13.10.1995 – p. 34.282(131)

São inúmeras as constatações jurisprudenciais nesse sentido, convencendo de que a teoria está radicada na cultura jurídica, como pode ser visto por mais esta colação:

---

(129) FÜHRER, Maxilianus Cláudio Américo. *Resumo de direito comercial*. 17. ed. São Paulo: Malheiros. 1997. p. 74.

(130) REQUIÃO, Rubens. *Curso de direito comercial. Op. cit.*

(131) No mesmo sentido: REs. ns. 0173490, 0181057, 0181207, 0181245,0181659 e 0230501.

À luz da lei e da doutrina, forçoso reconhecer que a espécie retrata nítido caso de tentativa de fraude, capaz de exigir a aplicação da *disregard*, em nome da justiça em respeito à efetividade do processo e estrito atendimento ao preceito do art. 5º, da Lei de Introdução ao Código Civil, pois, se é garantia constitucional o livre acesso ao Poder Judiciário e ser obrigatória a prestação jurisdicional, não é possível tolerar conduta desqualificadora deste direito, à socapa do propalado absolutismo da personalidade jurídica. (2º TACivil – 2ª Câm. – AI n. 603.118/8 – SP – Rel. Juiz Peçanha de Moraes – j. 22.11.1999 – *vu.*) *in* Boletim AASP 2.221, p. 419.(132)

8.3.3. *A superação da personalidade jurídica na legislação*

Na legislação também se observa com clareza o objetivo de se perseguir o sentido de justiça, em detrimento do mau uso dos instrumentos de direito. O Decreto n. 3.708/19, que regula a constituição de sociedade por cotas de responsabilidade limitada, art. 10, em sua primeira parte, parece comungar com os princípios insculpidos pelo art. 20 do Código Civil de 1916, no sentido de separar a pessoa dos sócios da responsabilidade da sociedade, mas em sua segunda parte excepciona, responsabilizando-os para com a própria sociedade e para com terceiro, de forma solidária e ilimitada, pelos atos praticados com excesso de mando, violação contratual ou legal.(133) O art. 50 do Código Civil atual preconiza que em caso de abuso da personalidade jurídica, caracterizado pelo desvio de finalidade, ou pela confusão patrimonial, pode o juiz decidir, a requerimento da parte, ou do Ministério Público quando lhe couber intervir no processo, que os efeitos de certas e determinadas relações de obrigações sejam estendidos aos bens particulares dos administradores ou sócios da pessoa jurídica.

A lei que dispõe sobre a sociedade por ações (Lei n. 6.404/76) também agasalhou o entendimento, conforme se depreende do seu art. 158, trazendo uma garantia ao administrador nos atos de gestão, atos de lisura, mas também excepciona a regra, atribuindo responsabilidade civil para os atos praticados com culpa, dolo, violação legal ou contratual.

O sistema tributário também contempla a possibilidade de desconsideração da pessoa jurídica, para buscar a responsabilidade de seus sócios, como se depreende dos incisos VII do art. 134 e III do art. 135 do Código Tributário Nacional.

A lei que dispõe sobre as sanções penais e administrativas derivadas de condutas e atividades lesivas ao meio ambiente (Lei n. 9.605/98), também prevê em seu art. 4º a possibilidade dessa desconsideração: "*Poderá ser desconsiderada a pessoa jurídica sempre que sua personalidade for obstáculo ao ressarcimento de prejuízos causados à qualidade do meio ambiente.*"

O Código do Consumidor (Lei n. 8.078/90), em seu art. 28, traz as hipóteses materiais de incidência que dão suporte à aplicação da desconsideração da pessoa jurídica,

(132) Confira-se mais jurisprudência sobre o assunto, no anexo I.

(133) Os sócios gerentes ou que derem o nome à firma não respondem pessoalmente pelas obrigações contraídas em nome da sociedade, mas respondem para com esta e para com terceiros solidária e ilimitadamente pelo excesso de mandato e pelos atos praticados com violação do contrato ou da lei.

elencando os casos de abuso do direito, excesso de poder, infração da lei, fato ou ato ilícito e violação dos estatutos ou contrato social. É na mesma referência legislativa que encontramos a afirmação de que essa desconsideração também se efetiva quando houver falência, estado de insolvência, encerramento ou inatividade de pessoa jurídica, provocados por má administração.

De forma taxativa preconiza o § 5º do art. 28 do Código do Consumidor que *"também poderá ser desconsiderada a pessoa jurídica sempre que sua personalidade for, de alguma forma, obstáculo ao ressarcimento de prejuízos causados aos consumidores"*.

8.3.4. A superação da personalidade jurídica no Direito do Trabalho

Em reflexão sobre o tema, Francisco Antonio de Oliveira assevera: "*A teoria da superação da personalidade encontra alento no art. 8º da CLT. A Justiça comum tem um acórdão pioneiro, no qual o relator, o eminente des. Edgard Moura Bitencourt, Ap. n. 9.247, TJSP: 'A assertiva de que a sociedade não se confunde com a pessoa dos sócios é um princípio, mas não pode ser um tabu a entravar a própria ação do Estado, na realização da perfeita justiça, que outra não é a atitude do Juiz procurando esclarecer os fatos para ajustá-los ao Direito (...) Há, pois, necessidade de se atentar com muita agudeza para a gravidade da decisão. É preciso, para a invocação exata e adequada da doutrina, repelir a ideia preconcebida dos que estão imbuídos do fetichismo da intocabilidade da pessoa jurídica, que não pode ser equiparada tão isoladamente à pessoa humana no desfrute dos direitos incontestáveis da personalidade*'".[134]

A necessidade levou também a um posicionamento da jurisprudência trabalhista, cujo entendimento de escol podemos sintetizar na decisão prolatada no Acórdão n. 20.083/00, do TRT da 15ª R., das lavras do relator juiz José Pedro de Camargo Rodrigues de Souza – Processo n. 24.678/1999 – AP-5 – DOESP 12.6.2000:

> *O art. 8º da CLT autoriza invocar o art. 28 da Lei n. 8.078/90 (Código de Defesa do Consumidor) e a respectiva doutrina e jurisprudência, que desconsideram a aparência legal e contratual da empresa, para atingir outras pessoas, sócios ou empresas, intimamente relacionadas com atividade econômica, de modo a que não deixe de existir quem possa se responsabilizar, concretamente, pelos débitos trabalhistas. O conceito de empresa não é pessoal (físico ou jurídico), mas essencialmente negocial, se a clientela, o nome e o produto são repassados a terceiro, poderá ser caracterizada sucessão, pouco importando sobreviva a titularidade, oca, da reclamada originária.*

A decisão sintetiza um entendimento que tem ganhado corpo no campo do Direito do Trabalho. Utilizando-se de adágio popular e profunda reflexão jurídica, em suas razões de decidir, destaca o relator do acórdão:

> *(...) É sempre bom lembrar a sabedoria popular quando diz que "as aparências enganam". Justamente por isso, a doutrina comercial, especificamente, com supedâneo no direito anglo-saxão, consolidou a "disregard doctrine" segundo a qual o Juiz pode desconsiderar*

---

(134) OLIVEIRA, Francisco Antonio de. *Revista Nacional de Direito do Trabalho*. São Paulo: Nacional de Direito, 37. p. 13-19.

a aparência legal da empresa e atingir pessoas (sócios) ou outras empresas, intimamente relacionadas com a atividade econômica ou com o negócio, de modo a que não deixe de existir quem possa se responsabilizar, concretamente, DE FATO, perante a sociedade, perante o público, perante o consumidor e, em nosso caso, perante a Justiça e os empregados. Este é o modo peculiar interpretativo dos preceitos jurídicos incidentes sobre as relações de trabalho, ex vi *do art. 8º da CLT. Esta norma celetista, portanto, autoriza a invocação do art. 28 da Lei n. 8.078/90, que permite ao Juiz desconsiderar a personalidade jurídica da sociedade, mormente em casos de abusos de direito, inatividade, encerramento, falência ou insolvência da pessoa jurídica. (...) Exatamente aqui reside mais um argumento em favor da sucessão: é que o conceito de empresa não é pessoal (de pessoas físicas, sócios ou a jurídica), mas essencialmente patrimonial e despersonalizado, tal como diz o art. 2º da CLT. (...)*[135]

O Tribunal Superior do Trabalho parece não dissentir desse entendimento, adotando com serenidade a teoria da desconsideração da pessoa jurídica:

> Mandado de segurança visando a evitar a consumação da penhora sobre bens particulares de sócio minoritário em execução de sentença proferida em desfavor de sociedade por quotas de responsabilidade limitada, cuja dissolução se deu sem encaminhamento do distrato à junta comercial. 2. Em casos de abuso de direito, excesso de poder, infração da lei, fato ou ato ilícito e violação aos estatutos sociais ou contrato social, o art. 28 da Lei n. 8.078/90 faculta ao Juiz responsabilizar ilimitadamente qualquer dos sócios pelo cumprimento da dívida, ante a insuficiência do patrimônio do societário. Aplicação da teoria da desconsideração da personalidade jurídica. TST – ROMS – Ac. n. 478.099 – DJ 23.6.2000 – p. 403.
>
> Em sede de direito do trabalho, em que os créditos trabalhistas não podem ficar a descoberto, vem-se abrindo uma exceção ao princípio da responsabilidade limitada do sócio, ao se aplicar a teoria da desconsideração da personalidade jurídica (*disregard of legal entity*) para que o empregado possa, verificando a insuficiência do patrimônio societário, sujeitar à execução os bens dos sócios individualmente considerados, porém solidária e ilimitadamente, até o pagamento integral dos créditos dos empregados. TST – ROAR – Ac. n. 531.680 – DJ 3.12.1999 – p. 64.

A intenção da adoção dessa teoria no campo do Direito do Trabalho, contudo, não é nova, considerando que a Lei n. 435/37, em seu art. 1º, já regulava a solidariedade do grupo de empresas.

A mesma assertiva foi adotada pelo § 2º do art. 2º da CLT, que prevê a solidariedade, na sua modalidade passiva, do grupo econômico.

Além dessa indicação de responsabilidade solidária, os arts. 8º, 769 e 889 da CLT contemplam a possibilidade de utilização subsidiária de outros campos do Direito. O art. 8º da CLT autoriza a utilização do Direito no campo material, fazendo do Direito comum fonte subsidiária do Direito do Trabalho; o art. 769, no campo processual, autorizando a utilização subsidiária do processo comum, nos casos em que não houver incompatibilidade; e o art. 889, na fase de execução, autorizando a utilização dos preceitos que regem o processo dos executivos fiscais para a cobrança judicial da dívida da Fazenda Pública.

---

(135) Cf. sucessão – ver item 8.4.6-c.

O crédito trabalhista goza ainda do privilégio legal, por ser de natureza alimentar. O art. 100 da Constituição Federal assegura o privilégio da quebra da ordem cronológica dos precatórios, definindo em seu § 1º os débitos públicos de natureza alimentícia, listando dentre eles: salários, vencimentos, proventos, pensões e suas complementações.

8.4. Desenvolvimento da teoria do contrato realidade

Ao perquirir sobre as origens e distinção entre o contrato de trabalho e relação de emprego, Mario De La Cueva rende homenagens aos mestres da escola alemã, que compreenderam a inutilidade e os esforços realizados pelos mestres de Direito Civil para explicar a natureza da relação de trabalho e se propuseram a estudar a figura jurídica na relação de emprego, na sua realidade, a fim de descobrir a sua natureza e suas características.(136)

Os argumentos de Mario De La Cueva se traduzem na assertiva de que a teoria que eclodia, rompia definitivamente com a teoria civilista, segundo a qual, para a formação do contrato, exigiam-se o consentimento e matéria possível de ser contratada.

O contrato, portanto, pela teoria civilista poderia se perfazer por um mero consentimento, ou, em outras palavras, por uma manifestação espontânea de vontade. O contrato civil determina a aplicação da lei civil e as proteções dela decorrentes.

O contrato de trabalho, por sua vez, em razão de suas características próprias e de sua finalidade protetora, distancia-se da teoria civilista, pois, como também já acentuado, perfaz-se com a efetiva relação de emprego.

É após a concretização desse contrato que decorre toda proteção do Direito do Trabalho, que tem por inspiração objeto também diverso do Direito Civil, pois é um campo do Direito, por essência, protetor da vida, da saúde e das condições econômicas do trabalhador, "*e parte do pressuposto fundamental da prestação de serviço e é, em razão dela, que impõe ao patrão as cargas e obrigações*".(137) Em seguida conclui Mario De La Cueva que "*A relação de trabalho é o conjunto de direitos e obrigações que derivam, para trabalhadores e patrões, do simples fato da prestação de serviço.*"(138)

As afirmações do autor guardam sincronia com os demais sistemas que seguiram esses passos, ou seja, que adotaram as teorias anticontratualistas, mas torna-se necessária uma breve verificação de sua interpretação e uma reflexão sobre a aceitação de suas conclusões, à luz de nosso sistema.

Pinho Pedreira, ao tratar da presunção de contrato de trabalho resultante da prestação de serviços, aduz: "*A presunção da existência de contrato de trabalho, inferida do fato da prestação de serviços, ou, em outras palavras, da relação de trabalho, que Mario De La*

(136) CUEVA, Mario De La. *Derecho mexicano del trabajo*. 5. ed. México: Porrua, 1960. p. 454.

(137) *Ibidem*, p. 455. "(...) parte del supuesto fundamental de la prestación del servicio y es, en razón de ella, que impone al patrono cargas y obligaciones."

(138) *Ibidem*, p. 457. " La relación de trabajo es el conjunto de derechos y obligaciones que derivan, para trabajadores y patronos, del simple hecho de la prestación del servicio."

Cueva denomina de 'presunción laboral' conquistou vastos espaços no mapa internacional do Direito do Trabalho moderno."(139)

Da mesma fonte colhemos importantes subsídios destacados pelo autor: "*(...) Realmente encontra-se tal presunção consagrada na Lei Federal do Trabalho mexicana de 1970 (art. 21), como já estava na de 1931 (art. 18), na Lei do Trabalho da Venezuela (art. 41), na Lei do Contrato de Trabalho da Argentina de 1974, modificada em 1976, e na lei salvadorenha (art. 10). Ainda é ela encontrada nos códigos de trabalho de Costa Rica (art. 18), do Panamá (art. 8º) da República Dominicana (art. 16), do Equador (art. 12,) e da Colômbia (art. 24). Não é, porém, exclusividade de países americanos. Já existia na Lei de Contrato de Trabalho espanhola de 1931 (art. 3º), o que explica referência de CABANELLAS à presunção em causa como uma característica da legislação do trabalho hispano-americano, e sobretudo hoje no Estatuto dos Trabalhadores da Espanha (Lei n. 8, de 10 de março de 1980, art. 3º).*"(140)

Após demonstração de profunda pesquisa, Pinho Pedreira também nos traz suas reflexões sobre o assunto, dizendo: "*(...) o contrato de trabalho e suas estipulações se depreendem mais da conduta das partes e de seus atos tácitos do que de uma prestação formal do consentimento. (...) Por isso é preciso derivar do consentimento expresso ou tácito das partes uma série de condições, cláusulas e também formalidades em que aquelas não pensaram no momento do seu compromisso. (...) O trabalhador que presta a sua atividade, manifesta com o fato a vontade de estipular um contrato e o empregador que não recusa a prestação, manifesta com o fato a aceitação da proposta.*"(141)

O art. 18 da lei trabalhista mexicana de 1931, no qual Mario De La Cueva apoiava suas conclusões, dizia que "*se presume a existência do contrato de trabalho entre o que presta um serviço pessoal e o que recebe*".(142)

A presunção laboral de que tratava o mencionado dispositivo não era absoluta, podendo ser afastada se se provasse a inexistência da relação, ou se esta fosse de ordem civil. No dizer do autor, a presunção era *juris tantum,* mas a favor do trabalhador, a quem bastava a prova da existência da prestação de um serviço pessoal para imputar ao empregador o ônus da prova da inexistência da relação de emprego, ou que essa relação fosse distinta da relação de prestação de serviços subordinados e assalariados.

Essas conclusões tomaram por base as regras insertas no art. 31 da mencionada lei, que dizia: "*A falta do contrato escrito não privaria o trabalhador de seus direitos, pois se imputaria ao patrão a falta da formalidade.*"(143)

---

(139) PEDREIRA, Pinho. *Revista Jurídica do Trabalho*. Salvador/Lisboa: ano 1, abr./jun. 1988, p. 93.

(140) PEDREIRA, Pinho. *Op. loc. cit.*

(141) PEDREIRA, Pinho. *Op. loc. cit.*

(142) CUEVA, Mario De La. *Op. cit.*, p. 457. " (...) se presume la existencia del contrato de trabajo entre el que presta un servicio personal y el que lo recibe (...)"

(143) CUEVA, Mario De La. *El nuevo derecho mexicano del trabajo*. 4. ed. México: Porrúa, 1977. p. 191. – "La falta del contrato escrito no privaria al trabajador de sus derechos, pues se imputaria al patrono la falta de la formalidad."

A legislação trabalhista mexicana de 1970 manteve o princípio da presunção laboral em seu art. 21, que diz: "*presume a existência **da relação** e do **contrato de trabalho** entre aquele que presta trabalho pessoal e aquele que o recebe.*"(144)

Como se depreende da definição legal, o legislador frisou, com clareza, a distinção entre a relação de trabalho e contrato de trabalho na legislação mexicana.

Observa-se, contudo, que a noção de um contrato realidade, ou seja, de uma teoria contratual que, em socorro do trabalho subordinado e da proteção à relação de trabalho, primasse pela presunção laboral e, em decorrência, fizesse incidir a proteção legal como garantia mínima ao trabalhador, prevaleceu na legislação posterior.

Mario De La Cueva acentua, claramente, essa situação ao fazer as suas considerações à legislação mexicana de 1970. "*No ano de 1938, com o objetivo de firmar a terminologia da lei de 1931, mencionamos a ideia de um contrato que se convertia em um fato real, e usamos a expressão contrato realidade. Hoje podemos dizer que a relação de trabalho é uma realidade viva, que consiste no fato real da prestação de um trabalho pessoal subordinado, prestação diária que reafirma todas os dias a independência da relação respectiva do ato ou causa que deu origem; ou expressando em uma fórmula mais simples: uma relação jurídica, expressão de uma realidade. Esta condição, por sua vez, confirma a característica primeira, porque a realidade da prestação de um trabalho não pode destruir-se e nem oprimir-se por um acordo de vontade distante, pois a realidade não se nega por uma declaração.*"(145)

Destaca-se, todavia, que a legislação mexicana não utiliza a expressão contrato realidade, sendo esta teoria produto da criação doutrinária de Mario De La Cueva, seguida pela jurisprudência mexicana, na decisão primeira do ministro Iñarritu, firmando, assim, sua posição na doutrina e jurisprudência posteriores, sendo seguido por outros pensadores daquele e de outros países, inclusive do Brasil, notadamente por aqueles com tendências institucionalistas, como foi o caso do ministro Luiz Augusto Rego Monteiro.

8.5. Resultado da inspiração anticontratualista na legislação brasileira

Como resultado da influência anticontratualista, a legislação trabalhista no Brasil adotou posição dualista, mas, em função da adoção da teoria da despersonalização

---

(144) CUEVA, Mario De La. *Op. loc. cit.* – "Se presume la existência de la relación y del contrato de trabajo entre el que presta um trabajo personal y el que lo recibe."

(145) CUEVA, Mario De La. *Op. cit.*, p. 195. "En el año de 1938, con el fin de permanecer en la terminologia de la Ley de 1931, mencionamos la idea de un contrato que se convertía en un hecho real, y usamos la expresión contrato realidad. Hoy podemos decir que la relación de trabajo personal subordinado, prestación diaria que reafirma todos los días la independência de la relación respecto del acto o causa que le dió origem; o expressado en una fórmula más simple: una relación jurídica, expressión de una realidade. Esta condición, a su vez, confirma la caracteristica primeira, porque la realidad de la prestación de um trabajo no puede ni destruirse ni aherrojarse por um acuerdo de voluntades lejano, pues la realidad no se niega por una declaración."

do empregador, que aponta a figura da empresa como elemento básico do contrato de trabalho, aliada à teoria da presunção laboral, permitiu que alguns doutrinadores tivessem o entendimento de que a CLT adotara a teoria da instituição.(146)

Encontramos a definição legal de contrato de trabalho no art. 442 da CLT, que diz que *"o contrato individual de trabalho é o acordo tácito ou expresso correspondente à relação de emprego"*, o qual pode ser acordado de forma verbal ou escrita, nos termos do art. 443.

Segundo Arnaldo Süssekind, a CLT *"procurou, na verdade, despir esse contrato de formalidades exigidas para outros negócios jurídicos e afirmar sua existência sempre que a relação fática de trabalho revelar os elementos caracterizadores do empregador (art. 2º) e do empregado (art. 3º). Adotou-se, portanto, pioneiramente, a **teoria do contrato realidade**, hoje amplamente consagrada pela doutrina e pela jurisprudência"*.(147)

Em seguida, o autor destaca que não se negou a contratualidade da relação de emprego, como se depreende dos arts. 444 e 468 da CLT. A assertiva do autor está em consonância com o quanto consignado pelo ministro Alexandre Marcondes Filho, na exposição de motivos da CLT:

> *(...) 28. Em relação aos contratos de trabalho, cumpre esclarecer que a precedência das "normas" de tutela sobre os "contratos" acentuou que a ordem institucional ou estatutária prevalece sobre a concepção contratualista. 29. A análise do conteúdo da nossa legislação social provava exuberantemente a primazia do caráter institucional sobre o efeito do contrato, restrito este à objetivação do ajuste, à determinação do salário e à estipulação da natureza dos serviços e isso mesmo dentro de standards e sob condições preestabelecidas na Lei n. 30. Ressaltar essa expressão peculiar constituiria certamente uma conformação com a realidade e com a filosofia do novo Direito, justificando-se assim a ênfase inicial atribuída à enumeração das normas de proteção ao trabalho, para somente em seguida ser referido o contrato individual. 31. Nem há como contestar semelhante método, desde que o Direito Social é, por definição, um complexo de normas e de instituições voltadas à proteção do trabalho dependente na atividade privada. (...) 42. A clara e total definição que do contrato individual do trabalho foi dada pelo anteprojeto da Consolidação, provocou algumas divergências de mero gosto polêmico. 43. A emenda então apresentada não pôde ser aceita. Revelava, primeiramente, incompreensão do espírito institucional tantas vezes salientado nesses empreendimentos. Repetia ainda um conceito prévio e básico já formulado, qual seja, o de empregado. 44. O que os objetantes não alcançaram foi o deliberado propósito de se reconhecer a correspondência e equivalência entre a "relação de emprego" e o "contrato individual do trabalho", para os efeitos da legislação social, correspondência essa que a escola contratualista italiana nega, exigindo a expressa pactuação. 45. Na concepção do projeto, admitindo, como fundamento de contrato, o acordo tácito, é lógico que a 'relação de emprego' constitui o ato jurídico suficiente para provocar a objetivação das medidas tutelares que se mantêm no Direito do Trabalho em vigor. 46. O conceito firmado na Consolidação é tanto mais justo e relevante quanto é o que se evidencia em face de contratos formalmente nulos ou substancialmente contrários à ordem pública dos preceitos da legislação de proteção ao trabalho (...).*

---

(146) SÜSSEKIND, Arnaldo. *Op. cit.*, p. 71.

(147) SÜSSEKIND, Arnaldo. *Op. cit.*, p. 72.

As divergências mencionadas na exposição de motivos se davam também no campo social, considerando as mais diversas situações encontradas para aplicação do novo campo do Direito, contribuindo para que a jurisprudência trabalhista se manifestasse sobre o assunto.

> *O contrato de trabalho é um* ***contrato realidade****. Significa isso que os efeitos jurídicos são extraídos da forma em que a prestação de serviços se realiza. Não importa sua descaracterização a circunstância de constar da carteira profissional ou de documento escrito anotações diversas da realidade fática, pois é esta que prevalece, como relação de emprego.* Ac. TRT 3ª R. – Processo n. 2.310/66 – proferido em 1º.6.1966).[148]

Na atualidade, o entendimento que se buscou firmar parece não comportar divergências, mas, como já tivemos a oportunidade de destacar, com mais frequência se faz necessário o resgate das teorias, aplicando-as diante das situações que emergem no campo social.

São diversas as situações em que se faz necessária a aplicação dos princípios norteadores do Direito do Trabalho, visando constatar a efetiva relação de trabalho, para se evitar a contratação simulada ou irregular, com o objetivo de fraudar a legislação protetora dos direitos dos trabalhadores.

O emprego da teoria do contrato realidade se faz presente em toda e qualquer relação de emprego, não somente na sua efetiva constatação, mas também no fato real que se desenvolve no âmago dessa relação durante toda sua constância, como veremos a seguir.

8.5.1. As condições de comutatividade e potestatividade do contrato de trabalho

O entendimento do ministro Ribeiro Vilhena, na jurisprudência citada acima (item 8.4), evidencia dois pontos importantes. O primeiro, quanto à afirmação de entendimento jurisprudencial de que o contrato de trabalho é um contrato realidade. O entendimento comunga com os preceitos legais sobre o assunto e acolhe as razões expositivas do ministro Alexandre Marcondes Filho, no projeto da CLT. O segundo, pelo que se depreende, é o entendimento de que esse contrato, por ser de trato sucessivo, pode sofrer alterações durante sua constância.

As alterações, como visto, não poderão constituir-se em prejuízo do empregado, sob pena de nulidade, contudo poderão ocorrer na forma permitida ao seu ajuste inicial, ou seja, de forma tácita ou expressa. O entendimento tem sido acolhido com tranquilidade tanto pela doutrina quanto pela jurisprudência trabalhista.

Hugo Gueiros Bernardes, ao abordar a questão da alterabilidade contratual, leciona que: "*O ajuste tácito tem sido largamente reconhecido na jurisprudência dos tribunais*

---

(148) Nesse sentido da Súmula n. 12 do TST – "**CARTEIRA PROFISSIONAL. Valor das anotações.** As anotações apostas pelo empregador na Carteira Profissional do empregado não geram presunção *juris et de jure*, mas apenas *juris tantum*."

trabalhistas brasileiros através da conhecida fórmula da 'habitualidade': o que se fez habitual tornou-se tacitamente ajustado. (...) Como o art. 442 da mesma Consolidação admite o ajuste tácito inicial, a mesma possibilidade é de ser reconhecida às alterações desse primitivo ajuste."(149)

A habitualidade, frisada pelo autor, pode ser favorável ou não ao contrato de trabalho; quando desfavorável, ocasionará prejuízo ao empregado. Ocorrendo a hipótese de prejuízo ao empregado, a nulidade incidirá sobre a alteração contratual, diante dos preceitos do art. 468 da CLT, que se referem às condições de mútuo consentimento, as quais podem ocorrer também de forma tácita, em função da habitualidade.

Outra alteração que suscita reflexão sobre o conteúdo das cláusulas contratuais é aquela prevista no art. 469, decorrente da situação em que, no ajuste inicial, o empregador pactua com o empregado a possibilidade de transferência do mesmo para local diverso do originariamente contratado. Diante de tal situação, a condição pactuada é de condição futura, a qual poderá ocorrer ou não.

A possibilidade de transferência como condição futura não atende às necessidades reais do contrato, e sim a uma expectativa. Portanto, ocorrendo a necessidade futura de transferência do empregado, estaremos diante de uma situação de alteração das bases contratuais existentes, suscitando, assim, a análise da validade da condição pactuada no início do contrato.

A transferência, por ato unilateral, não sendo de interesse do empregado, dar-se-á ao inteiro alvedrio do empregador. A situação encontrava vedação no próprio Código Civil de 1916, consoante dispunha no seu art. 115.(150) Nesse mesmo sentido, a Súmula 43 do Tribunal Superior do Trabalho considera abusiva a transferência do empregado, quando não provada pelo empregador a necessidade do serviço.

Nas lições de Hugo Gueiros Bernardes, encontramos a indicação de que: "*(...) tal exigência nada mais é que a objetivação do acontecimento incerto, que deve dar suporte real à condição. Não se pode presumir que as partes tenham ajustado condição proibida; logo, a presunção necessária é a de que a condição aceita pelo empregado tem fundamento real, objetivo.*"(151)

Depreende-se daí que a condição futura, para atender a caprichos do empregador, não deverá prevalecer diante da situação real do contrato.

8.5.2. As cooperativas de trabalho

A cooperativa é um tipo de associação de pessoas, observada em diversos momentos da evolução da humanidade, em decorrência dos modelos atuais se distanciarem dos

(149) BERNARDES, Hugo Gueiros; COUTO MACIEL, José Alberto; RESENDE, José Mario e outros. *O contrato de trabalho e sua alteração*. 2. ed. São Paulo: LTr, 1986. p. 46.

(150) São lícitas, em geral, todas as condições que a lei não vedar expressamente. Entre as condições defesas se incluem as que privarem de todo efeito o ato, ou o sujeitarem ao arbítrio de uma das partes.

(151) BERNARDES, Hugo Gueiros. *Op. cit.*, p. 48

modelos pretéritos, levou muitos autores a atribuírem o nascimento desse tipo de agremiação a um passado recente, registrando-se a primeira ocorrência em 1844, na Inglaterra, na cidade de Rodchale. Segundo João Elmo, o Cooperativismo surgiu em meados do século XX, como proposta de superação pacífica do sistema capitalista e suas mazelas, evidenciadas de forma tão drástica com o desencadear da Revolução Industrial. O motor dessa transformação gradativa da sociedade não seria a luta de classes, como propunham Marx e seus seguidores, mas o apelo natural à racionalidade da organização cooperativa, que se imporia sobre o *laissez faire* capitalista. A cooperativa mútua, tomando o lugar da competição e da ganância pelo lucro e integrando as instâncias da produção, distribuição e consumo de mercadorias, constituiria a base da nova sociedade, mais justa e mais humana, pois não comportaria nem exploradores, nem explorados.(152)

Não podemos perder de vista, contudo, que a mesma inspiração observada na formação desse tipo de agremiação pode ser constatada como impulsionadora de diversos outros agrupamentos de pessoas, em épocas remotas. O seu desenvolvimento histórico, embora de relevância, não é escopo de nosso trabalho, que objetiva estudá-la nos dias atuais.

O assunto, como visto, não é novo, mas ganha notoriedade na atualidade, em função de diversos reflexos de outros fenômenos sociais decorrentes da globalização, terceirização e das discussões acerca de flexibilização do contrato de trabalho.

Para situar a discussão dentro do objetivo aqui almejado, inicialmente cabe indicar, mesmo que sinteticamente, o seu ideal inspirador que é a junção de pessoas com o objetivo comum de ajuda mútua, unindo esforços para que as forças se solidifiquem num só referencial, com retorno a todos os integrantes, em detrimento das adversidades experimentadas pelo grupo. Sua inspiração, portanto, está assentada na solidariedade e no velho adágio popular do "um por todos e todos por um", o que não deixa de ser também um embate ao individualismo capitalista.

No Brasil, a política nacional de cooperativismo está regulada pela Lei n. 5.674/71, na qual encontramos alguns indicativos característicos desse tipo de sociedade, como se depreende da leitura do seu art. 4º e incisos.(153)

De acordo com a definição legal estabelecida pelo dispositivo, a cooperativa tem natureza jurídica de empresa civil, com o objetivo social de prestação de serviços aos seus associados, os quais poderão ser ilimitados e por adesão voluntária.

A lei não definia cooperativa de trabalho, considerando que tratava do gênero cooperativa, mas, além do seu objetivo que é o da ajuda mútua e o espírito de solidariedade, algumas situações fundamentais devem ser observadas — a inspiração democrática pela qual se manifesta: a forma de deliberações, adesão e filiação voluntária.

---

(152) SHEINEIDER, João Elmo. *Cooperativistas agrícolas e capitalismo no Brasil*. São Paulo: Cortes. 1981. p. 11.

(153) A primeira iniciativa de se regular a cooperativa no Brasil foi no ano de 1903, por meio do Decreto n. 979, de 6 de janeiro daquele ano. Posteriormente houve as seguintes normas legais: Decreto n. 1.637/07; Decreto Federal n. 22.332/32; Decreto n. 23.611/33; Decreto n. 24.647/34; Decreto n. 581/38; Decreto n. 926/38; Decreto n. 6.980/41; Decreto-lei n. 5.893/43; Decreto-lei n. 6.274/44; Decreto-lei n. 8.401/45; Lei n. 4.504/64; Decreto-lei n. 59/66; Decreto n. 22.239/32; Decreto n. 60.597/67 e, finalmente, a Lei n. 5.674/71.

Por não possuir dono, as deliberações são por assembléia, por não haver empregado, não se fala em demissão. No que tange à prestação de serviços, a cooperativa deve ter total autonomia em relação ao seu contratante e não poderão existir elementos típicos da relação de emprego entre os cooperativados e o tomador dos serviços, notadamente o elemento subordinação. Em havendo esses elementos típicos, o vínculo se formará em função da relevância dos fatos reais sobre a sua forma, por força da teoria do contrato realidade.

O assunto ganha relevância na medida em que a inobservância ao espírito de mútua ajuda, aos ideais mais profundos nos quais se constata o princípio da união do grupo no embate ao interesses comuns faz com que a cooperativa se distancie de seu objetivo primeiro, *e por isso despersonalize-se.*

Da mesma sorte, se a constituição da cooperativa do trabalho não estiver norteada para este fim, se seu desenvolvimento e funcionamento se distanciarem do ideal de um modelo de combate ao desemprego, ela se transformará numa forma de burla à legislação obreira.

A atual legislação sobre o assunto, como visto anteriormente, define o gênero cooperativa, mas não a cooperativa de trabalho, a exemplo do Decreto n. 22.239/32, que, em seu art. 24, dispunha: "COOPERATIVAS DE TRABALHO. Aquelas que, constituídas entre operários de uma determinada profissão ou ofício, ou de ofícios vários de uma mesma classe, têm como finalidade primordial melhorar os salários e as condições de trabalho pessoal dos seus associados e, dispensando a intervenção de um patrão ou empresário, se propõe a contratar obras, tarefas, ou serviços públicos ou particulares, coletivamente, por todos ou por grupos de alguns."

A Lei n. 5.674/71, além de não definir a cooperativa de trabalho, restringia-se a disciplinar, em seu art. 90, que *"qualquer que seja o tipo de cooperativa, não existe vínculo empregatício entre ela e seus associados".*

A Lei 8.949/94 acrescentou o parágrafo único ao art. 442 da CLT, com a seguinte redação: *"Qualquer que seja o ramo de atividade da sociedade cooperativa, não existe vínculo empregatício entre ela e seus associados, nem entre estes e os tomadores de serviço daquela."*

A inclusão do dispositivo acima mencionado veio atender aos reclamos do Movimento dos Sem Terra — MST, em função dos problemas por eles enfrentados nas diversas cooperativas que criavam para atender às necessidades do grupo, mas, quando havia o desligamento de alguns integrantes, postulavam seus direitos junto à Justiça do Trabalho, pleiteando o reconhecimento do vínculo empregatício.

Como se vê, o dispositivo veio atender mais a um reclamo político do que técnico, o que torna o seu conteúdo letra morta, pois o que determina a relação de emprego são os pressupostos de constituição dessa relação, constatados no fato real da prestação de serviços. Havendo os requisitos da relação de emprego, notadamente a subordinação e a remuneração salarial, a configuração do contrato de trabalho será inquestionável. Portanto, a cooperativa legalmente constituída afasta-se da relação de emprego.

Impossível o reconhecimento de relação de emprego entre as partes quando inexistente o elemento da pessoalidade, trabalhando as reclamantes, como bordadeiras, através de cooperativas que organizam ou fazem a intermediação das tarefas. (TRT 6ª R. – 3ª T. – RO n. 1.190/96 – DJPE 22.5.1996) in *AASP* 2.144.

Se os atos praticados pelo reclamante revelam a sua condição de associado, lhe é vedado o direito de reclamar vínculo empregatício com a sociedade cooperativa (art. 90 da Lei n. 5.764/71, c/c o art. 442, parágrafom único, da CLT). Recurso improvido. (TRT – 8ª R. – 3ª T. – RO n. 5.552/97 – DOPA 19.3.1998) *Dic. Dec. Trab.* – 29. ed., p. 178, e-480.

A cooperativa que não observa os princípios inspiradores de união e mútua ajuda, nem as regras da legalidade, classifica-se como cooperativa irregular ou fraudulenta, como preferem muitos doutrinadores.

A criação de "cooperativas", como a do caso em tela, visando unicamente ao fornecimento de mão-de-obra a um custo mais barato para o tomador dos serviços, mas à custa de sacrifício do trabalhador, que se vê despojado da proteção das normas trabalhistas, não passa, no meu entender, de uma farsa. Como diria o ilustre magistrado desta Casa, hoje aposentado, Dr. Adilson Bassalho Pereira, uma "fraudoperativa". Não creio ter o legislador ordinário, ao introduzir o parágrafo único no art. 442 da CLT, através da Lei n. 8.949/94, pretendido revogar as normas de proteção ao trabalhador, a pretexto de estimular o "cooperativismo e outras formas de associativismo", como querem as reclamadas. (TRT – 15ª R. – 3ª T. – RO 22.739/97-6 – rel. Juiz Luiz Carlos de Araújo – DOESP 9.11.1998) *ST* n. 119/56.

Não foi a inclusão do parágrafo único ao art. 442 da CLT, portanto, que induziu ou estimulou a criação de cooperativas irregulares, mas suscitou do Ministério do Trabalho uma atenção especial sobre o assunto, em função desse fenômeno que eclodia no tecido social, fazendo-se incluir na Portaria n. 925 de 28.9.1995 que a apuração da relação de emprego, nos termos do art. 3º da CLT, determina a constatação da fraude.

Reside nessa constatação a aplicação do art. 9º da CLT, que preleciona ser nulo o ato praticado com o objetivo de frustrar a aplicação da legislação de proteção ao trabalho.

A Constituição Federal de 1988 incentivou a criação e o desenvolvimento das cooperativas, que se encontram normativadas pela Lei n. 5.764/71. Entretanto, o cooperativismo vem sendo utilizado como instrumento de fraude desde a edição da Lei n. 8.949/94 que introduziu o parágrafo único do art. 442 da Consolidação das Leis do Trabalho. Para impedir a atividade fraudulenta e direcionar os aplicadores da lei, o Ministério do Trabalho baixou a Portaria n. 925 de 28.9.1995, que estabelece requisitos para a constituição das cooperativas. Não observados os requisitos de validade da atividade cooperativa, caracterizada a fraude da contratação do trabalhador, desvirtuando sua condição de cooperado. (TRT – 2ª R. – Ac 20000238613 – 4ª T. – j. 16.5.2000 – DOE 26.5.2000 – Processo 02990243369 – rel. Sonia Maria Prince Franzini)

A recente inclusão do parágrafo único do art. 442 da CLT não autoriza inobservância à regra de sobre direito emanada do art. 9º da mesma Carta Celetista, sempre que se verificar fraude às garantias trabalhistas e sociais asseguradas nos ordenamentos legal e constitucional vigentes. Conquanto induvidosamente as cooperativas de trabalho constituam mais uma opção para o enfrentamento da grave crise que assola o mercado de trabalho, não há permitir que essa novel modalidade de trabalho seja utilizada como mecanismo de exploração de mão de obra. (TRT-RS – RO 96.005379-4 – Ac. 1ª T. – rel. Juiz Milton Varella Dutra)

Os tribunais trabalhistas parecem não divergir quanto a esse entendimento, como se depreende de suas decisões:

> As relações do trabalhador rural estão reguladas pela Lei n. 5.889/73 e pelas normas da CLT, desde que não conflitantes com essa lei. A intermediação de mão-de-obra, no nosso sistema, somente é admissível para serviços especializados ligados à atividade meio (Enunciado n. 331). A impossibilidade de subordinação do cooperado com a cooperativa. A inaplicabilidade do § 4º do art. 442 da CLT, ao trabalhador rural, porque conflitante com a Lei n. 5.889/73. Finalmente, o art. 9º da CLT, que considera nulos os atos fraudatórios de direito do trabalhador, são fatores que impedem a intermediação de mão-de-obra das denominadas cooperativas de trabalho, formando-se o vínculo de emprego diretamente com o tomador de serviços. (TRT – 15ª R. – 1ª T. – Ac. 42.804/98 – DOESP 4.12.1998) *ST* n. 117/66.[154]

Em julho de 2012, foi editada a Lei n. 12.690, que dispõe sobre a organização e funcionamento das cooperativas de trabalho; institui o Programa Nacional de Fomento às Cooperativas de Trabalho — PRONACOOP; e revoga o parágrafo único do art. 442 da CLT. Em seu art. 2º define a Cooperativa de Trabalho como sendo "a sociedade constituída por trabalhadores para o exercício de suas atividades laborativas ou profissionais com proveito comum, autonomia e autogestão para obterem melhor qualificação, renda, situação socioeconômica e condições gerais de trabalho". A norma, que não revoga a anteior, além de corrigir um hiato que existia na ausência de disposição sobre cooperativa de trabalho, mantém o princípio deliberativo por meio da assembléia geral, para definição de sua diretriz e funionamento.

Outro aspecto que contribuirá para se evitar a fraude é o estabelecimento de alguns direitos previstos aos empregados, tais como retirada não inferior ao piso da categoria; duração do trabalho não superior a oito horas diárias e quarenta e quatro semanais; descanso semanal e anual remunerado; adicional de insalubridade ou periculosidade e seguro de acidente de trabalho.

8.5.3. A ilicitude do objeto do contrato de trabalho

O contrato individual de trabalho, como qualquer outro contrato, tem os seus requisitos de formação, mas diante de um detalhe técnico de omissão na legislação obreira, vale-se das regras gerais instituídas pelo Direito comum.

O Código Civil, por sua vez, traz os requisitos de formação do negócio jurídico, dispondo que a validade do negócio jurídico requer agente capaz, objeto lícito, possível, determinado ou determinável e forma prescrita ou não defesa em lei.

Em função disso, temos que os pressupostos de validade do contrato civil se aplicam ao contrato de trabalho. Portanto, para a formação do contrato de trabalho, como qualquer negócio jurídico, exige-se que os agentes sejam capazes, que o objeto seja lícito e que sua forma seja a forma prevista em lei. Quanto à forma e como já pudemos acentuar anteriormente, o contrato de trabalho, ao admitir a forma tácita, dispensa formalidades, mesmo porque, e conforme aqui estudado, preocupa-se com os fatos reais da relação de emprego.

---

(154) Confira-se mais jurisprudência sobre o assunto, no anexo I.

Quanto à capacidade das partes, ela pode ser absoluta ou relativa, mas a análise do assunto remete a uma incursão ao terreno da proteção ao trabalho do menor, de que tratamos no item 8.5.9.

O objeto lícito é uma matéria que suscita grandes debates na doutrina trabalhista, pois, sendo da essência do negócio jurídico a licitude do objeto, a ausência desse pressuposto eivará de nulidade o próprio contrato de trabalho, decorrendo daí outra ilação quanto aos efeitos dessa nulidade.

Valendo-se da norma de Direito Civil, encontramos, na doutrina trabalhista hodierna, posições que se conflitam, embora grande maioria guarde como orientação as inspirações civilistas. Sergio Pinto Martins nos traz uma valiosa contribuição ao deixar assente sua posição sobre o assunto, quando afirma:

> *Em relação a atividades ilícitas entendo que não há vínculo de emprego entre as partes, pois não foi observado um dos requisitos para a validade do ato jurídico. Será considerado nulo o ato jurídico quando for ilícito, ou impossível o seu objeto. (art. 145, II, do CC.). É o que ocorre em relação a empregados que prestam serviços em bancas de jogo de bicho, em prostíbulos, ou em casas que vendem entorpecentes. O próprio trabalhador não poderia dizer que desconhecia a ilicitude da atividade do tomador dos serviços, pois 'ninguém se escusa de cumprir a lei, alegando que não a conhece'. (art. 3º da LICC)*[155]

A posição do autor, que sintetiza a linha de pensamento de uma corrente doutrinária majoritária, ganha relevo quando encontra ecos também na primeira seção especializada de dissídios individuais do Tribunal Superior do Trabalho, que inseriu em seu elenco de orientação jurisprudencial a de número 199, que diz: "*É nulo o contrato de trabalho celebrado para o desempenho de atividade inerente à prática do jogo do bicho, ante a ilicitude de seu objeto, o que subtrai o requisito de validade para a formação do ato jurídico*".[156]

Sem a intenção de perverter a doutrina jurídica, ou estabelecer um enfrentamento à orientação jurisprudencial, pelo simples prazer do embate polêmico, mas com o fito de uma maior reflexão sobre o assunto, posicionamo-nos, em parte, em entendimento diverso, pois o que se deve buscar é o sentido da ilicitude e os efeitos da nulidade decorrente.

Destaca-se, por oportuno, que não há como dissentir do entendimento de que o contrato de trabalho não prescinde do objeto lícito. Nesse sentido é a posição doutrinária e jurisprudencial: "É condição preliminar do processo ser lícito o objeto do contrato. TRT 2ª R. – 1ª T. – Ac. 19990436455 – j. 18.08.99 – DOE 10.9.1999 – Processo 02980457641 – Rel. Plinio Bolivar de Almeida."

É evidente que em casos extremos, como vendas de entorpecentes e atividades em prostíbulos, comporta a análise restritiva, pois a violação à norma de ordem pública não produz nenhum efeito. Esta já era a previsão do art. 145 do Código Civil de 1916, que declarava nulo o ato jurídico quando o seu objeto fosse ilícito ou impossível. Neste mesmo sentido os incisos II e III do art. 166 do Código Civil atual, acrescentando a restrição quanto à indeterminação do seu objeto. Nessas atividades, além da ilicitude, não está presente o trabalho, no sentido de trabalho humano subordinado e protegido

---

(155) MARTINS, Sergio Pinto. *Curso de direito do trabalho*. 2. ed. São Paulo: Dialética, 1999. p. 55.

(156) OJ n. 199, DEJT 18.11.2010, da SDI1, do TST.

pelo Direito, além do fato da reprovação social. O trabalho, enquanto atividade humana, deve ser buscado no seu sentido jurídico, levando-se em conta, todavia, o seu sentido social, traduzido no exercício livre, consciente, útil e sobre o qual recaia a proteção do Direito e não haja reprovação social.

Quanto à atividade do trabalhador em banca de jogo do bicho, contudo, o entendimento deve ser mais brando, à luz da realidade social atual, pois o entendimento diverso só beneficiaria o próprio explorador do jogo do bicho, em detrimento do trabalhador e em prejuízo do trabalho.

Se é certo que ninguém pode vir a juízo e, a título de defesa, valer-se da própria torpeza, menos correto é privilegiar a esperteza do explorador do jogo e do trabalho humano, em detrimento do ideal superior de Justiça. Inaceitável a alegação preliminar de extinção do feito pelo empregador, alegando que é explorador da atividade do jogo de bicho, portanto o objeto do contrato é ilícito e o pedido é juridicamente impossível. Pela ótica restritiva, míope do ponto de vista social, o adágio acima, que traduz a essência de uma sabedoria jurídica, poderia tornar-se ineficaz.

A atividade do jogo de bicho, nos últimos anos, vem se tornando prática habitual, atividade normal que se integra aos hábitos sociais, não recebendo, por isso, reprovação social.

À medida que essa atividade se incorpora ao conceito social de normalidade e acena com crescente desenvolvimento, constata-se outro fenômeno social que também cresce de forma eloquente, o desemprego. Não resta dúvida de que, embora seja uma atividade tipificada pelo Direito Penal como ilícita, atrai para esse trabalho pessoas que foram atingidas pelo desemprego e que necessitam de recursos para suprir suas necessidades e as necessidades de sua família.

O jogo do bicho e as loterias e jogos oficiais, quer sejam federais ou estaduais, estão incorporados à sociedade, sem qualquer resistência. A diferença entre eles reside em que, enquanto um não é legal, os outros o são.

O Tribunal Superior do Trabalho, por meio de sua Primeira Turma, parece ter-se sensibilizado com essa realidade social, posicionando-se sobre o assunto de forma diversa da orientação jurisprudencial da Primeira Seção Especializada de Dissídios Individuais, de n. 199, acima mencionada:

> O jogo do bicho é prática usual amplamente tolerada pelas autoridades constituídas, desfrutando do inegável beneplácito dos órgãos competentes dos três poderes da República. Atualmente, assumiu foros de comportamento regular, acintosamente presente aos olhos de tudo e de todos. A evidente circunstância de não merecer repressão policial não apenas comprova a complacência do Estado para com banqueiros e adeptos desse jogo de azar, como também deixa transparecer nitidamente que inexiste hoje condenação social. II. Hipocrisia reputar ilícito o objeto do contrato de trabalho envolvendo arrecadador de apostas de jogo do bicho se se cuida de prática notoriamente consentida pela sociedade e o Estado explora inúmeras formas de concursos de prognósticos, inclusive como medida de fomento às atividades desportivas. Ademais, se nulidade houvesse, decretar-se-ia com efeito *ex nunc*. TST RR 271663 – 1ª T. – DJ 9.4.1999 – p. 83.

É de se destacar, todavia, que em decisões recentes o Tribunal Superior do Trabalho, em homenagem à Orientação Jurisprudencial mencionada, tem refutado o reconhecimento de tais direitos, porém, pela incidência de pronunciamentos neste sentido, além de tantos outros que nem chegam a este "status" decisório, falecendo nos corredores das instâncias inferiores, forçoso convir, que a inquietação social reclama uma melhor reflexão sobre a questão.

A nossa legislação trabalhista, como visto, é omissa sobre o assunto.

A legislação argentina, por sua vez, regula, de forma expressa, no art. 39 da Lei do Contrato de Trabalho, a questão, considerando ilícito o objeto quando o mesmo for contrário à moral e aos bons costumes, mas não se considera como tal, se as leis e as normas municipais e os regulamentos da polícia consentirem, tolerarem ou regularem, por elas mesmas, a situação.(157)

Da jurisprudência daquele país emana entendimento que vem agasalhar o quanto esposado pelo entendimento da Primeira Turma do Tribunal Superior do Trabalho, quando considera ilícito o trabalho contrário à moral e aos bons costumes, quando esse trabalho é exercido em atividade que fere a moral média da comunidade.(158)

O art. 38 da Lei do Contrato de Trabalho da Argentina diz que não poderá ser o objeto do contrato de trabalho a prestação de serviços ilícitos ou proibidos, e posiciona a doutrina jurídica trabalhista daquele país, no sentido de que o objeto do contrato de trabalho, às vezes, confunde-se com a causa.

Por essa razão, tem-se por objeto lícito aquele que não consiste em atividade que repugna a moral, ou no dizer de Miguel A. Sardegna *"na realidade, mais do que o objeto do contrato, se trata aqui do fim desse objeto"*.(159)

O Tribunal Regional do Trabalho do Estado da Paraíba vem manifestando entendimento, ao que parece, comungando com o entendimento da legislação argentina, contemplando o sentido real da licitude, em face da realidade social, considerando que o sentido superior de Justiça não pode ignorar a realidade social, sob pena de ser ignorada por ela. Partem da premissa da complacência do Estado para com a atividade do jogo do bicho, para sedimentar entendimento no sentido de que se a autoridade local competente para coibir a atividade, por ser ilícita, a tolera, pelo princípio da insignificância social, razão maior tem a Justiça do Trabalho em ignorar a ilucitude dessa atividade para proteger o trabalho.

> A atividade ilícita do empregador que explora o chamado "jogo do bicho" não o exime das obrigações trabalhistas para com quem por muito tempo lhe prestou serviços. TRT 13ª R. – Ac. n. 23.392 – Decisão 26.7.1995 – RO n. 902/95 – DJ 10.10.1995 – p. 21 – Rel. Juiz Paulo Montenegro Pires.

---

(157) Art. 39 – Trabajo ilícito. Se considerará ilícito el objeto cuando el mismo fuese contrario a la moral y a las buenas costumbres pero no se considerará tal si, por las leys, las ordenanzas municipales o los reglementos de polícia se consintiera, tolerara o regulara através de los mesmos."

(158) "Es contrato de objeto ilícito previsto en el art. 39 de la LCT cuando el mismo realizado en sus cunsecuencias es contrario a la moral y las buenas costumbres, por cuanto lesiona la moral media de nuestra comunidad." (CNATr, Sala V, 9.8.1977, "DT", 1978-590). *In* - SARDEGNA, Miguel A. *Op. cit.*, p. 127.

(159) SARDEGNA, Miguel A. *Op. cit.*, p. 125.

Efeitos. Indiscutível é a ilicitude do contrato de trabalho que tem por objeto a venda do jogo do bicho. Entrementes, mesmo eivado de nulidade, o pacto laboral gera plenos efeitos, dada a impossibilidade de se restituir ao trabalhador as energias despendidas durante a prestação de serviços, principalmente quando o Estado, maior interessado em coibir a referida contravenção penal, mantém-se omisso e inerte. TRT 13ª R. – Ac. n. 32.126 – Decisão 10.12.1996 – RO 1.466/96 – DJ 1º.4.1997 – p. 10 – Rel. Juiz Aluisio Rodrigues.

A ilicitude da atividade desenvolvida pelo empregador, que consiste na exploração de jogo de bicho, tolerada pelas autoridades do nordeste do País, não pode ceifar o direito do laborista de ter reconhecida sua vinculação empregatícia. Se procedimento em contrário fosse tomado, estar-se-ia conferindo prêmio ao explorador de tais atividades e penalizando o hipossuficiente, o qual, não sendo detentor de maiores bens, o bem maior que possui é o trabalho, responsável por seu sustento e de sua família. TRT 13ª R. – Ac. n. 34.921 de 12.6.1997 – RO n. 898/97 – DJ 7.8.1997 – p. 21 – Rel. Juiz Haroldo Coutinho de Lucena.

O jogo do bicho no Estado da Paraíba, controlado pela loteria estadual, tem caráter social e econômico, por isso reveste-se de licitude, sobretudo face à aplicação do direito trabalhista. TRT 13ª R. – Ac. n. 35688 – de 31.7.1997 – RO n. 1.294/97 – DJ 1º.10.1997 – p. 29 – Rel. Juiz José de Anchieta Araújo.

Para todos os efeitos legais, válida é a relação de emprego, na atividade do "jogo do bicho", no Estado da Paraíba, porque controlada e fiscalizada por este, restando empanada a ilicitude prescrita na lei de contravenção penal. TRT 13ª R. – Ac. n. 23.916 de 23.8.1995 – RO n. 894/95 – DJ 2.11.1995 – p. 25.

O "jogo de bicho", no Estado da Paraíba, assume caráter de atividade econômica e de alto negócio lucrativo, controlado e fiscalizado pelo Governo Estadual, razão pela qual não se poderá considerar ilícita a relação de emprego. Recurso provido, reformando-se a sentença. Decisão: Maioria. Provido. TRT 13ª R. – Ac. n. 9.642 de 14.5.1992 – RO n. 2.459/91 – DJ 18.6.1992 – p. 7.

O jogo de bicho no Estado da Paraíba, controlado pela Loteria Estadual, tem caráter social e econômico, por isso reveste-se da licitude a sua atividade, sobretudo para a aplicação do direito trabalhista. TRT 13ª R. – Ac. n. 19.230 de 10.10.1994 – RO n. 1.470/94 – DJ 26.1.1995 – p. 19.

Descaracteriza-se a ilicitude do "jogo de bicho" pelo desuso da aplicação da lei de contravenção penal, configurando-se a relação de emprego, o serviço prestado nessa atividade pelo reclamante. Provido o recurso parcialmente para aplicar a prescrição bienal. TRT 13ª R. – Ac. n. 2.465 de 28.9.1989 – RO n. 704/89 – DJ 5.11.1989.

8.5.4. A terceirização do trabalho

Além das cooperativas irregulares, os fenômenos sociais chamam a atenção para o fato de que as cooperativas de trabalho desenvolvem também uma maneira de terceirização. A terceirização, enquanto forma de intermediação de mão de obra, foi muito combatida e condenada por muitos, até mesmo pela doutrina e jurisprudência trabalhista, fazendo com que o Tribunal Superior do Trabalho se posicionasse sobre o assunto, por meio da Súmula n. 256. Em decisão posterior daquele Tribunal, contudo, o entendimento anterior foi abrandado, culminando com a edição da Súmula n. 331. O assunto não é novo, é antiga a tradição de algumas empresas contratarem com outras a prestação dos chamados serviços de apoio. Os serviços de apoio contratados não podem ser os ligados à atividade-fim do empregador, sob pena de caracterizar fraude à lei trabalhista.

Esse fenômeno tem se tornado mais frequente na medida em que as empresas crescem e na mesma proporção crescem as suas complexidades. Em função mesmo das necessidades de crescimento, observa-se também o nascimento de empresas que se constituem para prestar serviços para outras empresas, ou que em função da necessidade de mercado desenvolvem *know-how* que muitas empresas preferem contratar. Esse interesse está aliado, dentre outros aspectos, ao sentido econômico, objetivando o enxugamento do quadro de pessoal e a carga tributária dele decorrente.

Não poderá ser concebido, porém, que em nome da necessidade da redução dos custos se permitam abusos ou fraudes à lei trabalhista. Por essa razão se faz necessário estabelecer os limites e critérios da terceirização, considerando que a crescente discussão sobre a flexibilização das regras contidas na legislação do trabalho em absoluto ensejará o seu aviltamento e/ou desvirtuamento, afinal o Direito do Trabalho não poderá fechar os olhos para as contingências e as necessidades constatadas pelo desenvolvimento social.

O amadurecimento de novos conceitos faz com que o Direito seja concebido no seu momento dinâmico, tendo-se em mente um sentido superior de Justiça, visando à paz social tão almejada. Realidade que fará com que os novos conceitos cresçam e, se recepcionados pelo Direito do Trabalho, não significará a renúncia ao seu ideal e princípios inspiradores.

Caminhou bem o Tribunal Superior do Trabalho ao abrandar o entendimento anterior, por meio do Enunciado n. 331, admitindo a terceirização para a atividade-meio. É evidente que, mesmo na prestação de serviços contratados para a atividade-meio, não poderá haver a pessoalidade e a subordinação, que são requisitos da relação de emprego.

Portanto, a leitura da súmula deverá ser feita em conformidade com as demais disposições da legislação do trabalho, tendo em mente o referencial delimitador da atividade-fim e da atividade-meio, e o aspecto da pessoalidade e da subordinação.

Um exemplo parece ser importante para elucidar o assunto: podemos supor uma empresa do ramo de confecção, que tenha por objetivo social a indústria e comércio de roupas. Para que ela desenvolva sua atividade-fim, deverá ter em seu parque industrial uma oficina de máquinas, e precisará contratar profissionais da costura para produzir o seu produto final, mão de obra esta ligada à atividade-fim da empresa, portanto não poderá ser terceirizada.

Supondo que o proprietário da empresa, por motivos econômicos, opte por não ter a oficina de máquinas e resolva terceirizar o serviço, essa terceirização poderá ocorrer de duas formas: a primeira, contratando-se outra empresa que preste os serviços, e a segunda, contratando costureiras que trabalhem em suas próprias casas.

Nos dois casos o contratante encontrará problemas, em função da vedação legal expressa de terceirizar serviços de sua atividade-fim, considerando ainda que, no primeiro caso, o contratante é subsidiariamente responsável pela empresa contratada.

No segundo caso, pelo fato de que, além de ser atividade ligada à atividade-fim da empresa, não se distingue o trabalho realizado no domicílio do empregado, desde que esteja presente a relação de emprego, nos termos do art. 6º da CLT. Nesse caso, mesmo que houvesse a inscrição municipal da costureira, como costureira autônoma, por exemplo, para o Direito do Trabalho isso seria de nenhum efeito, em função do quanto disposto no art. 9º da CLT, que considera nulos os atos que objetivem fraudar a legislação do trabalho.

Por outro lado, se o empresário da confecção optasse por montar sua própria oficina de máquinas, seguramente teria de contratar as costureiras como suas empregadas, que exerceriam as suas funções no próprio local de trabalho.

Em função disso, o empregador poderia montar também uma oficina de manutenção e consertos de máquinas, ou, se preferisse, poderia terceirizar esse serviço. Na primeira situação, por haver a pessoalidade, subordinação e remuneração salarial, o mecânico de máquinas, embora exerça uma atividade-meio, será empregado, enquanto na segunda situação, é plenamente possível a terceirização dos serviços de manutenção e consertos de suas máquinas.

Esses entendimentos são necessários para que se permita a evolução da discussão sobre o assunto, em harmonia com a legislação de proteção ao trabalho, sem ferir a livre iniciativa e a ordem econômica e sem perder de vista que esse fenômeno social, certamente, é um instrumento de combate ao desemprego.

Parece não ser outro o entendimento de nossa jurisprudência trabalhista:

> A terceirização é forma usual de flexibilização no campo do direito laboral. Vedar sua prática implica em ingerência na administração dos negócios empresariais, em detrimento ao princípio da livre iniciativa assegurada pela Carta Constitucional, inserto no capítulo que disciplina a ordem econômica, além de representar ofensa ao princípio da legalidade. TRT 15ª R. – 1ª T. – RO n. 010662/1999-SP – Rel. Juiz Luiz Antonio Lazarim – j. 19.10.1999 – *vu*.

> É legal a **terceirização** de atividade-meio, sob a modalidade de locação permanente de mão de obra, inexistindo fraude na dispensa do empregado da tomadora dos serviços e contratação pela prestadora de serviços, ainda que com salário inferior ao que percebia na tomadora dos serviços, pois é lícito à empresa reduzir seus custos operacionais por meio da concentração de esforços em sua atividade-fim, terceirizando as demais. Inteligência da Súmula n. 331 do TST. TST RR 360011/97 3ª R. – 4ª T. – DJ 16.6.2000 – p. 519.

8.5.5. A terceirização no serviço público

O fenômeno da terceirização não se restringe somente ao setor privado, sendo possível também no setor público, para atender às necessidades de obras ou serviços específicos.

Para a realização das obras ou serviços públicos, são necessários, além dos recursos, pessoal e equipamento especializado, elementos que geralmente não se encontram no acervo do ente público, forçando assim a confiar a execução de certas atividades a terceiros.

O Decreto-lei n. 200/67 já autorizava a contratação pelo serviço público de mão de obra, mediante empresa interposta. A Lei n. 5.645/70 chegava a recomendar que serviços de conservação e assemelhados fossem contratados por via indireta.

Merece destaque, contudo, que o que vedava a Súmula n. 256 do TST era a contratação de trabalhadores e não a dos serviços por empresa interposta, a qual era na verdade incentivada, com o objetivo de impedir o crescimento do quadro funcional da Administração Pública.

Nesse sentido dispunha o art. 10 do Decreto n. 200/67: "*A execução das atividades da Administração Pública Federal deverá ser amplamente descentralizada (...) § 7º – Para melhor desincumbir das tarefas de planejamento, coordenação, supervisão e controle e com o objetivo de impedir o crescimento desmesurado da máquina administrativa, a Administração procurará desobrigar-se da realização material de tarefas executivas, recorrendo, sempre que possível, à execução indireta — mediante contrato — desde que exista na área iniciativa privada suficientemente desenvolvida e capacitada a desempenhar os encargos da execução.*"

A Lei n. 5.645/70, por sua vez, recomendava em seu art. 1º que: "A*s atividades relacionadas com transporte, custódia, operações de valores, limpeza e outros assemelhados, serão, de preferência, objeto de execução indireta, mediante contrato, de acordo com o art. 10, § 7º, do Decreto-lei n. 200*".

O legislador constituinte não rompeu com o entendimento anterior, mas vislumbrou a necessidade de dar um contorno mais definido às contratações públicas, como se depreende do inciso XXI do art. 37 da Constituição Federal de 1988: "*ressalvados os casos especificados na legislação, as obras, serviços, compras e alienações serão contratados mediante processo de licitação pública que assegure igualdade de condições a todos os concorrentes, com cláusulas que estabeleçam obrigações de pagamento, mantidas as condições efetivas da proposta, nos termos da lei, o qual somente permitirá as exigências de qualificação técnica e econômica indispensáveis à garantia do cumprimento das obrigações*".(160)

Com o objetivo de regulamentar o dispositivo constitucional foi sancionada a Lei n. 8.666/93, para assegurar a ampla participação dos interessados e igualdade de condições para os concorrentes nos certames, para serviços e obras com a Administração Pública. Pacífica, portanto, a viabilidade da terceirização de obras e serviços públicos, ressalvada a necessidade do procedimento licitatório, "*procedimento administrativo mediante o qual a Administração Pública seleciona a proposta mais vantajosa para o contrato de seu interesse.*"(161)

Foi com o objetivo de resguardar o interesse público que a Lei n. 8.666/93, em seu art. 71, dispôs: "*O contratado é responsável pelos encargos trabalhistas, previdenciários, fiscais e comerciais resultantes da execução do contrato. § 1º – A inadimplência do contrato, com*

(160) Confira-se ainda o art. 173 da Constituição Federal de 1988, que veda a exploração de atividade econômica por parte do Estado, excetuados os casos de segurança nacional ou de relevante interesse público.

(161) MEIRELLES, Hely Lopes. *Direito municipal brasileiro*. 9. ed. São Paulo: Malheiros, 1997. p. 294.

referência aos encargos estabelecidos neste artigo, não transfere à Administração Pública a responsabilidade por seu pagamento, nem poderá onerar o objeto do contrato ou restringir a regularização e o uso das obras e edificações, inclusive perante o Registro de Imóveis."

Louvável a intenção do legislador em resguardar o interesse público, mas não é, contudo, por normas que o objetivo será atingido. Do objetivo de tal mister também deve estar imbuído o administrador público, por meio de quem se manifesta a ação pública, que, por ato vinculado ou discricionário, deve gerenciar o interesse público de acordo com a oportunidade, conveniência e princípios de ordem pública. Implícito está nesse gerenciamento o dever de melhor eleger, contratar, vigiar, fiscalizar, enfim, acompanhar o serviço público terceirizado.

Acrescente-se a esses entendimentos o dever maior, insculpido no § 6º do art. 37 da Constituição Federal de 1988, que responsabiliza as pessoas jurídicas de Direito público ou privado, prestadoras de serviço público, pelos danos causados a terceiros, no caso de dolo ou culpa.

O dispositivo garantiu o direito de regresso e ampliou o princípio da responsabilidade objetiva do Estado, alcançando também as pessoas de Direito privado prestadoras de serviço público. Ampliando também entendimento anterior e fazendo coro com a doutrina e jurisprudência de escol, substituiu o termo funcionário por agente, atingindo assim todo e qualquer prestador de serviço público.

Como visto, o legislador constituinte e o ordinário se ativeram em resguardar o interesse público, omitindo-se, contudo, quanto a eventuais prejuízos sofridos pelos próprios agentes públicos lesados pela incúria das empresas contratadas.

Tal situação cobrou um posicionamento do Judiciário trabalhista, que buscou, nos próprios princípios gerais do Direito, à guisa de utilização subsidiária, adequar a situação à realidade fática e em socorro do trabalho humano, desaguando na assertiva do inciso IV do Enunciado n. 331:

> *O inadimplemento das obrigações trabalhistas, por parte do empregador, implica responsabilidade subsidiária do tomador dos serviços, quanto àquelas obrigações, inclusive quanto aos órgãos da administração direta, das autarquias, das fundações públicas, das empresas públicas e das sociedades de economia mista, desde que hajam participado da relação processual e constem também do título executivo judicial." (art. 71 da Lei n. 8.666/93)*
>
> O art. 37, § 6º, da Constituição Federal obriga a Administração Pública Direta e Indireta a reparar os danos impostos, por sua atuação, aos particulares, assim submetidos a maiores ônus do que os demais membros da coletividade. O *caput* do mesmo preceito vincula as entidades que a compõem aos princípios da legalidade e da moralidade, não se admitindo que assistam inertes à penúria dos trabalhadores que, sob **terceirização,** prestem-lhes serviços, quando inadimplentes seus efetivos empregadores. Em tal caso, o dano experimentado decorre da atuação pública, incorrendo o tomador dos serviços, para além de sua responsabilidade objetiva, em culpa *in eligendo* e *in vigilando*. Assim é que o item IV do Enunciado n. 331 do TST pontua que "o inadimplemento das obrigações trabalhistas, por parte do empregador, implica a responsabilidade subsidiária do tomador dos serviços, quanto àquelas obrigações, inclusive quanto aos órgãos da administração"

direta, das autarquias, das fundações públicas, das empresas públicas e das sociedades de economia mista, desde que hajam participado da relação processual e constem também do título executivo judicial art. 71 da Lei n. 8.666/93) com a redação dada pela Resolução n. 96/00). TST RR 371618 – DJ 7.12.2000 – p. 680.(162)

Em sentido contrário:

Verbas trabalhistas. o inadimplemento dos encargos trabalhistas pelas empresas contratadas não gera para a administração pública qualquer obrigação, não havendo que se falar em responsabilidade **subsidiária** ou **solidária.** Inteligência do art. 71 da Lei n. 8.666/93. TST – Ac. n. 405.253 Decisão: 24.2.1999 – 4ª T. – DJ 19.3.1999 – p. 265.

8.5.6. Solidariedade, subsidiariedade e sucessão

8.5.6.a. Considerações preliminares

Em que pese o fato da divergência jurisprudencial mencionada no item anterior, devem ser ressaltadas duas situações de relevância.

A primeira é que o entendimento que vem se pacificando é o agasalhado pelo inciso IV da Súmula n. 331, que teve a sua redação alterada pela Resolução n. 96/2000, o que parece ser o mais acertado, por todos os ângulos que se olhe a situação: em primeiro lugar, em proteção à garantia mínima ao homem trabalhador, que, pressionado pelas necessidades econômicas e escassez de emprego, não poderá somar a sua sorte à inércia e inoperância da Administração Pública, ficando à mercê da idoneidade da empregadora contratada.(163)

Ao traçar os princípios gerais da atividade econômica, frisou o legislador constituinte que estes estavam fundados na valorização do trabalho humano, para assegurar uma existência digna, de acordo com a justiça social. Pensar diferente seria interpretar a lei de forma a permitir a fraude e, por via oblíqua, ignorar os preceitos do art. 9º da CLT.

Em segundo lugar, o fato de que deve ser somada toda uma história acerca do assunto, cuja discussão não comporta aqui maiores digressões, que é a frequente ausência de gerenciamento do interesse público, como já alinhado anteriormente, consubstanciado no dever de melhor eleger e vigiar, como também a consequência de uma licitação viciada, que cobram o posicionamento da jurisprudência trabalhista como forma de primar pela adequação da realidade social.

---

(162) No mesmo sentido: TST – RR n. 373.184 – DJ 10.11.2000 – p. 619, e, TST – RR 399180 – Segunda Turma – DJ 27.10.2000 – p. 649.

(163) O inciso IV da Súmula n. 331, originalmente tinha a seguinte redação: *inadimplência das obrigações trabalhistas, por parte do empregador, implica na responsabilidade subsidiária do tomador de serviços quanto àquelas obrigações, desde que este tenha participado da relação processual e conste também do título executivo judicial."* Com a alteração dada pela Resolução n. 96/00, DJ de 18.9.2000, passou a ter a seguinte redação: *O inadimplemento das obrigações trabalhistas, por parte do empregador, implica na responsabilidade subsidiária do tomador dos serviços, quanto àquelas obrigações, inclusive quanto aos órgãos da administração direta, das autarquias, das fundações públicas, das empresas públicas e das sociedades de economia mista, desde que hajam participado da relação processual e constem também do titulo executivo judicial (art. 71 da Lei n. 8.666/93)."*

A segunda situação que merece especial destaque é a sutileza jurisprudencial, ao referir-se que a responsabilidade é subsidiária. A expressão já vinha contemplada na versão original do inciso IV da Súmula n. 331 e merece uma reflexão, conquanto distancia do posicionamento anterior daquela Corte, que em alguns casos reconheceu a responsabilidade solidária, como é o caso, por exemplo, da Súmula n. 239, dentre outras posições jurisprudenciais.

8.5.6.b. Solidariedade

A solidariedade é um termo de origem jurídica, que significa conexão recíproca ou interdependência, mas tem ainda um sentido de assistência entre membros de um mesmo grupo, derivando daí o solidarismo, sentido social que implica que todos do grupo devem assistência entre si, solidariedade humana, no sentido de socorro ao próximo, ao semelhante. Pode levar ainda a um sentido de adesão, de apoio, até mesmo moral, que vincula e cria responsabilidades.

Interessa-nos aqui o seu sentido jurídico, que não perde seu sentido comunitário, mas restringe-se a uma comunidade vinculada em virtude de uma obrigação ou objeto jurídico.

O termo aparece pela primeira vez em nosso ordenamento jurídico, no art. 896 do Código Civil de 1916, de forma técnica, desprendido do sentido social, pois no mundo jurídico *"a solidariedade não se presume; resulta de lei ou da vontade das partes".* Diz ainda o parágrafo único do artigo: *"Há solidariedade, quando, na mesma obrigação, concorre mais de um credor, ou mais de um devedor, cada um com direito, ou obrigado à dívida toda."*

Na definição de Savigny: *"obrigações solidárias são aquelas que se referem, completamente, sem partilha, a cada um dos devedores, ou a cada um dos credores, individualmente."*(164)

É dessa mesma vertente que tiramos a afirmação do autor de que: *"A solidariedade não se presume, porque é uma exceção à regra geral de que nas obrigações, em que aparecem muitos credores ou muitos devedores, cada um dos primeiros tem direito a uma parte, e cada um dos segundos deve uma parte, se os objetos das prestações não são indivisíveis. E as exceções devem ser expressamente declaradas".*(165)

Correto, portanto, o posicionamento de Maria Helena Diniz, ao pontuar que o nosso Direito adotou o princípio da não presunção da solidariedade, porque ela somente poderá resultar de lei ou da vontade das partes, ou seja, credores e devedores unidos por força de lei ou ato de vontade, para a consecução de um objetivo comum.(166)

---

(164) BEVILÁQUA, Clóvis. *Código Civil dos Estados Unidos do Brasil.* 6. tit. Rio de Janeiro: Editora Rio, vol. IV, p. 36. V. tb. MONTEIRO, Washington de Barros. *Curso de direito civil.* 18. ed São Paulo: Saraiva, 1983. 4. vol., p. 144-195.

(165) BEVILÁQUA, Clóvis. Ob. loc. cit.

(166) DINIZ, Maria Helena. *Código Civil anotado.* 6. ed. São Paulo: Saraiva, 2000. p. 680.

8.5.6.c. A solidariedade na CLT

No Direito do Trabalho, o princípio da solidariedade decorre da previsão do § 2º do art. 2º da CLT, o qual valoriza a solidariedade na sua modalidade passiva, no sentido do devedor legal da obrigação trabalhista.

O devedor da obrigação no caso é o empregador, sendo o empregado e o Estado os sujeitos ativos da relação. Aquele, em decorrência dos direitos trabalhistas, e este, em decorrência das multas e obrigações tributárias.

Outra ilação que deriva da leitura do dispositivo é que a solidariedade decorrente é para os efeitos da relação de emprego.

A interpretação, portanto, que se permite estabelecer é a de que nesse sentido o legislador colocou o contrato de trabalho em posição distinta da relação de emprego, o que também permite um convencimento inverso da afirmação de que a distinção entre elas é tautológica, mas na verdade o que temos aqui é uma derivação da teoria do contrato realidade, ou seja, a legislação frisa que a solidariedade alcança as empresas do grupo econômico beneficiadas pela efetiva ***relação de emprego***.(cf. item 5.1).

> A vigência do contrato de trabalho se concretiza com o início da prestação de serviço. TRT 2ª R. – 4ª T. – Ac. n. 02930431622 – j. 7.12.1993 – DOE 17.12.1993 – Processo n. 02920147085.
>
> O contrato de trabalho é o acordo tácito ou expresso, correspondente à relação de emprego (CLT, art. 442). Mesmo não anotadas na CTPS do autor todas as condições do contrato, deve o Juízo instrutor propiciar às partes a prova de seus termos. TRT 2ª R. – 6ª T. – Ac. n. 02960382441 – j. 30.7.1996 – DOE 7.8.1996 – Processo n. 02940343084.

Reforçando ainda esse posicionamento, a Súmula n. 129 do Tribunal Superior do Trabalho preconiza que "a prestação de serviço a mais de uma empresa do mesmo grupo econômico, durante a mesma jornada de trabalho, não caracteriza a coexistência de mais de um contrato de trabalho salvo ajuste em contrário".

Por prestação de serviço só podemos entender relação de emprego, pois nela estarão presentes os pressupostos da pessoalidade e subordinação. Duas relações e um só contrato.

Não queremos nos deter aqui a eventuais impropriedades da redação da Súmula, mas somente destacar o entendimento jurisprudencial de que relação de emprego e contrato de trabalho são coisas distintas, e que este só se concretiza com a efetiva realização daquele. Sobre o assunto, Francisco Antonio de Oliveira faz um rico e criterioso comentário em sua obra *Comentários aos enunciados do TST*, lembrando posições respeitáveis e evidenciando o sempre e problemático termo empresa, empregado na definição do empregador, finalizando por enfatizar, sabiamente, que a redação do enunciado deve ser entendida com reservas. Um contador, por exemplo, pode ser contratado para, num único contrato, prestar serviços para várias empresas do grupo, o que é facilmente compreensível pela especificidade de sua profissão, o que já não ocorreria, no outro exemplo citado pelo autor, no caso do frentista que presta serviços em um período em determinado ponto e, no outro, exercendo outra função para outra empresa do mesmo grupo. São coisas distintas.(167)

A responsabilidade solidária, portanto, é em relação às obrigações decorrentes da própria relação de emprego, independentemente de com quem tenha sido formalizado o contrato de trabalho.

Forçoso convir que, mesmo nos casos para os quais se reconheça a presença do grupo econômico, a obrigação é do empregador principal, com o qual o empregado mantém o contrato de trabalho. Somente em caso de inadimplência deste é que se estabelece a responsabilidade solidária entre as demais empresas do grupo, caso contrário cada um responde por suas obrigações isoladamente, afinal não se propõe a reclamação contra a empresa e seus sócios e/ou contra a empresa e suas congêneres. Nesse sentido: Não havendo sucessão de empresas nem insolvência da reclamada originária, não há como se responsabilizar outra empresa integrante do grupo econômico pela satisfação do débito trabalhista. Apenas na ocorrência da primeira hipótese ou na verificação da insolvência do devedor primário é que se poderia buscar a satisfação do crédito exequendo junto à sucessora ou junto aos sócios da empresa reclamada (art. 596 do CPC). TRT-PR – AP 3.085-96 – Ac. 4ª T. 25.387-96. 6.12.1996.

Considerando que a definição legal da solidariedade verte do Direito Civil, embora com nuanças e especificidades do Direito do Trabalho, aqui ela também decorre de lei ou da vontade das partes, não podendo ser presumida. A solidariedade legal, no Direito do Trabalho, pode ser encontrada no art. 16 da Lei n. 6.019/74, no art. 19 da Lei n. 7.064/82, no art. 17 da Lei n. 6.533/78 e no art. 455 da CLT. No primeiro caso temos a solidariedade da empresa tomadora dos serviços, não só pelas indenizações devidas ao trabalhador, como também pelos encargos tributários e previdenciários decorrentes, no caso de falência da empresa fornecedora da mão de obra; no segundo, a responsabilidade solidária assentada à pessoa jurídica domiciliada no Brasil, pelas obrigações advindas da contratação de trabalhador para prestar serviços relacionados à engenharia, consultoria, projetos, obras e afins, no exterior; no terceiro, a responsabilidade solidária do tomador do serviço artístico, pelas obrigações legais e contratuais, se ficar caracterizada a tentativa de fraude à lei ou contrato; e, por último, a responsabilidade do empreiteiro principal pelas obrigações trabalhistas do subempreiteiro para com seus empregados.

A jurisprudência trabalhista também não ficou inerte a outras realidades, buscando soluções com o fito de aferir e proteger o fato real que envolve a relação de emprego, como é o caso, por exemplo, da Súmula n. 239.(168)

Com a evolução tecnológica, os bancos modernizaram os critérios de prestação de serviços aos seus clientes, introduzindo o sistema eletrônico informatizado, que viabiliza até mesmo o autoatendimento em diversos casos, dispensando a presença

---

(167) OLIVEIRA, Francisco Antonio. *Comentários aos enunciados do TST*. 3. ed. São Paulo: RT. 1996. p. 317-323.

(168) ***BANCÁRIO. EMPREGADO DE EMPRESA DE PROCESSAMENTO DE DADOS.*** *"É bancário o empregado de empresas de processamento de dados que presta serviços a banco integrante do mesmo grupo econômico."*

física do bancário no atendimento. Distanciou-se do sistema tradicional de atendimento e controles administrativos, cuja operacionalidade era manual e exigia um maior contingente de trabalhadores.

A par disso, os bancos passaram a constituir empresas de processamento de dados, contratando funcionários para a operacionalização de suas transações, pelo regime de oito horas, diverso, portanto, do estatuído pelo art. 224 da CLT.

O objetivo da Súmula foi o de coibir esse tipo de fraude, mas ainda possibilita alguns abusos em função da dinâmica do próprio sistema, que permite que a empresa preste serviços para outros segmentos distintos, ou contrate os serviços — terceirização — de empresas não pertencentes ao grupo econômico, dissimulando assim a rigidez do enunciado e frustrando seu objetivo protetor. Nesse ponto entendemos que o enunciado merece revisão em sua redação, para atingir o objetivo a que se propõe, sob pena de tornar-se letra morta.

> A aplicação da Súmula n. 239 deste C. TST encontra-se condicionada à exclusividade da prestação de serviços por parte da empresa de processamento de dados ao Banco do mesmo grupo econômico. Havendo, também, prestação de serviços a outras empresas do grupo e a terceiros, desconfigura-se a intenção de fraude ou o desvirtuamento do serviço bancário. Inteligência da Orientação Jurisprudencial n. 126 da Eg. SDI do TST. TST RR n. 303.957, de 4.10.2000 – Região 02 – Turma 01– Órgão Julgador – Primeira Turma – DJ 15.12.2000 – p. 890.

Conforme já havíamos apontado, ainda na linha da responsabilidade solidária, a Súmula n. 205 caminhava em sentido diverso do demonstrado[169]. Na mencionada Súmula voltava à baila a discussão da solidariedade passiva, eximindo o responsável solidário, integrante do grupo econômico, que não havia participado da relação processual como reclamado, da responsabilidade pelos débitos constantes do título executivo, do qual, por via de consequência, não constará. A primeira ilação a ser feita era quanto ao sentido utilizado pela súmula, ao referir-se ao responsável solidário: sócio da empresa ou empresa ligada ao grupo econômico. Conforme já destacamos, as reclamações são sempre propostas contra a empresa contratante, e nunca contra esta e a outra empresa ligada ao grupo econômico, e que não tenha nenhuma relação direta com o contrato de trabalho, ou até mesmo contra os seus sócios. Verte, contudo, do § 2º, do art. 2º da CLT, a responsabilidade solidária, assim como também nos termos do art. 455 da CLT. A ação deve ser proposta contra o empregador e somente no caso de inadimplência deste, na fase executória, é que se poderão perseguir outras empresas do grupo. Assim, em boa hora, a Resolução n. 121/2003 cancelou a mencionada Súmula.

O parágrafo único do art. 275 do Código Civil frisa que *não importará renúncia da solidariedade a propositura de ação pelo credor contra um ou alguns dos devedores.* É nesse sentido que precisa ser pensado, os créditos trabalhistas têm natureza alimentar e são privilegiados, razão pela qual a fase executória trabalhista também comporta as suas especificidades.

---

(169) Edição de 2002.

O dispositivo da responsabilidade solidária celetista precisa ser interpretado em consonância com o seu art. 889 e com o art. 4º da Lei n. 6.830/80 e art. 568 do Código de Processo Civil, pois de outra forma haveria derrogação de norma material.[170]

8.5.6.d. Subsidiariedade

A subsidiariedade no Direito do Trabalho decorre de um entendimento que foi adotado pelo inciso IV da Súmula n. 331, e que pode ser sintetizado nas razões esposadas no Acórdão n. 517.318 da 2ª T. do TST, da lavra do Rel. Valdir Righeto, que dispõe: "As empresas públicas estão sujeitas, quando da terceirização de mão de obra, à responsabilidade subsidiária inscrita no item IV do Enunciado n. 331/TST. Por outro lado, o art. 71, § 1º, da Lei n. 8.666/93, não pode ser óbice à incidência do item IV do Enunciado n. 331/TST sobre as empresas públicas, porque retrata responsabilidade solidária e, ainda, encontra-se incompatível com o art. 173, § 1º, da Constituição da República. TST-RR-517318/98.4 – 2ª T."

A ementa sintetiza de forma objetiva o entendimento do relator, que, ao enfrentar a dúvida suscitada pelo § 1º do art. 71 da Lei n. 8.666/93, assim se posiciona:

> *De plano, constata-se que a responsabilidade retratada no referido preceito é a solidária, aquela em que a dívida pode ser cobrada tanto do devedor principal quanto do codevedor. A responsabilidade pela terceirização de mão de obra inscrita no item IV do Enunciado n. 331 do TST é estabelecida em sua forma subsidiária, ou seja, na falta de patrimônio do devedor principal, que, na espécie, é o prestador de serviços, chama-se o responsável subsidiário, o tomador dos serviços para satisfazer os títulos trabalhistas reconhecidos ao trabalhador. A responsabilidade subsidiária que se atribui (...) está fundamentada na culpa do tomador dos serviços que elegeu empresa inidônea para executar o contrato ou, ainda, que negligenciou seu dever de fiscalizar o cumprimento das obrigações trabalhistas por parte da empresa prestadora dos serviços para com o pessoal contratado. Há, ainda, outro aspecto a ser considerado quanto ao disposto no art. 71, § 1º, da Lei n. 8.666/93. As empresas públicas, de acordo com o art. 173, § 1º, da Carta Magna, quando exploram atividade econômica, sujeitam-se ao regime jurídico próprio das empresas privadas, inclusive quanto às obrigações trabalhistas e tributárias. O regime jurídico próprio das empresas privadas, no âmbito trabalhista, impõe a toda e qualquer empresa o dever de ser prudente, quando da terceirização de serviços, tanto na contratação da empresa prestadora quanto na fiscalização do cumprimento das obrigações trabalhistas. Tratando-se de mandamento constitucional, não há lei ordinária que possa contrariá-la sob pena de inconstitucionalidade, ficando, com isso, afastadas as violações dos arts. 1º, § 1º, e 71, § 1º, da Lei n. 8.666/93, que regulamenta o art. 37, inciso XXI, da Constituição Federal. Na relação trilateral, formada pela tomadora, prestadora de serviços e* ***trabalhador, este último é a única parte economicamente frágil e há de ser legalmente protegida.*** *(...)*

Trata-se, pois, como já visto, da responsabilidade do administrador público em melhor eleger e vigiar a coisa pública. Na órbita do setor privado, o raciocínio é o mesmo, como se depreende da posição jurisprudencial já firmada: A simples intermediação de

(170) Nesse sentido, cf. GIGLIO, Wagner D. *Direito e processo do trabalho*. 10. ed. São Paulo: Saraiva, 1997. p. 470-471.

mão de obra é o quanto basta para a condenação subsidiária do tomador dos serviços, pelas obrigações não quitadas pelo empregador, independentemente da caracterização de fraude ou não, uma vez que o tomador dos serviços tirou proveito do serviço do empregado, que não pode ficar sem o ressarcimento respectivo. TST – RR n. 590.371, de 16.2.2000 – Região 02 –T. 01 –Órgão Julgador –Primeira Turma – DJ 28.4.2000.

8.5.6.e. Sucessão

A sucessão ocorre na mudança da estrutura jurídica da empresa em situações tais como venda, fusão, incorporação etc., cuja possibilidade, pela teoria do contrato realidade, pode ser reconhecida até mesmo na transação de fato.

> O Direito do Trabalho de índole menos formal que o Direito Comum e, buscando aplicar os princípios essenciais da sucessão trabalhista (princípio da continuidade do contrato de trabalho; da despersonalização do empregador e da intangibilidade dos contratos firmados), não exige a prova formal da sucessão, bastando a simples evidência de que estão presentes os requisitos do art. 10 e art. 448 da CLT. Destarte, aquele que compra a totalidade, ou parte orgânico-funcional da empresa, e continua operando o mesmo ramo de negócio do sucedido, assume todas as obrigações decorrentes dos contratos de trabalho em vigor e/ou extintos, firmados pelo empregador anterior. TRT-PR-ED-RO n. 426-97 – Ac. 2ª T 14.009-98 –TRT 3.7.1998.

O que deve ficar evidente em relação a alterações na estrutura jurídica da empresa é que, pelo princípio da continuidade contratual, insculpido no art. 10 da CLT e pelas normas estatuídas pelo art. 448 da CLT, qualquer alteração na propriedade da empresa não afetará os contratos de trabalho, em função do princípio da despersonalização do empregador conforme já abordado no item 8.2.

> Opera-se a sucessão de empregadores, com a consequente sub-rogação do sucessor na relação de emprego, quando há a transferência do estabelecimento como organização produtiva, cujo conceito é unitário, envolvendo todos os diversos fatores de produção empregados no desenvolvimento da atividade econômica, inclusive o trabalho. **Trata-se, em verdade, da aplicação do princípio da despersonalização do empregador**, em que o estabelecimento, como objeto de direito, representa a garantia de cumprimento das obrigações trabalhistas, independentemente de qualquer alteração ou modificação que possa ocorrer em sua propriedade ou estrutura orgânica. Nesse contexto, o negócio jurídico realizado entre o Banco Banorte e o Banco Bandeirantes, consistente na aquisição por este último da organização produtiva e econômica daquele, implicou típica sucessão trabalhista, de forma que os direitos adquiridos dos empregados permanecem íntegros e passíveis de exigibilidade junto ao sucessor, nos exatos termos dos arts. 10 e 448 da CLT. TST RR n. 533.149, de 29.11.2000.– Região 06. Turma 04. Órgão Julgador – Quarta Turma. DJ 9.2.2001, p. 570.

> 1. Na hipótese de sucessão de empresas, a responsabilidade quanto a débitos e obrigações trabalhistas recai sobre o sucessor, nos termos dos arts. 10 e 448 da CLT, **em face do princípio da despersonalização do empregador**. 2. Apresenta-se irrelevante o vínculo estabelecido entre sucedido e sucessor, bem como a natureza do título que possibilitou ao titular do estabelecimento a utilização dos meios de produção nele organizados. 3. Dá-se a sucessão de empresas nos contratos de arrendamento, mediante os quais o arrendatário ocupa-se da exploração do negócio, operando-se a transferência da unidade

econômico-jurídica, bem como a continuidade na prestação de serviços. TST – RR n. 588463, de 8.11.2000 – Região 03 – Turma 01 – Órgão Julgador – Primeira Turma – DJ 9.2.2001 – p. 439.

8.5.7. Investidura no cargo ou emprego público

A Constituição Federal, que no inciso II do art. 37 tornou necessário o concurso público para investidura em cargo ou emprego público, excetuando-se somente os cargos em comissão, concretizou em seu texto o que antes não passava de uma orientação. A inspiração constitucional teve como objetivo a proteção do interesse público, manifestando a preocupação constituinte em preservá-la, em função de diversas ocorrências de notórios casos de empreguismo em detrimento dos cofres públicos.

A nova ordem constitucional suscitou divergências em nossa jurisprudência trabalhista, havendo tribunais regionais manifestado entendimento no sentido de serem garantidos direitos aos trabalhadores que prestavam serviços para a administração pública, contratados pelo regime celetista e sem o prévio concurso público, por força da teoria do contrato realidade, buscando na realidade dos fatos a proteção do hipossuficiente, dentro da premissa de que em havendo os pressupostos caracterizadores da relação de emprego, o direito deveria ser reconhecido, mesmo porque se vícios houve, em tese, não teria sido por culpa do próprio trabalhador, que premido pelas contingências econômicas, frequentemente cede às imposições do capital. Na verdade reside aí o suporte basilar do princípio protetor. Aliam-se ainda a esse fato as considerações, hoje vencidas, de que o sistema celetista não se aplicava ao órgão público, mas, quando ele optasse por esse regime, deveria curvar-se a ele e observar as suas normas. Em decorrência, os posicionamentos que agasalhavam os direitos dos trabalhadores nessa situação foram muitos, como se depreende da jurisprudência que abaixo destacamos e, em síntese, traduz um pensamento que fez coro em diversas instâncias judiciais trabalhistas:

> Direitos do trabalhador irregularmente contratado. Indefensável a tese segundo a qual o trabalhador irregularmente contratado pela Administração Pública somente faz jus aos dias trabalhados, como se merecesse condenação por cumplicidade, ressalvando-se apenas a impossibilidade de devolução da força de trabalho despendida, cuja remuneração se imporia sob pena de se caracterizar o trabalho escravo. Se a Constituição Federal veda a contratação sem concurso público, não menos certo é que igualmente assegura a garantia ao trabalho. E se, por um lado, a ninguém é lícito alegar desconhecimento da lei, por outro lado não se pode ignorar que há uma gradação na responsabilidade penal, cuja maior parcela, na hipótese, recai sobre o agente administrativo, diretamente submetido às exigências dos princípios da legalidade e moralidade. Quanto ao trabalhador, é público e notório que ao aceitar uma ocupação, o obreiro de hoje se vê diante de um quadro em que cada vez menos lhe é dado exercer algum direito de escolha. De qualquer forma, mais do que em qualquer outra época, o moderno candidato a trabalho age primordialmente movido por seu instinto de sobrevivência pessoal e familiar, em típica situação de necessidade que, por si só, constitui causa de exclusão da antijuridicidade (art. 23, I, do Código Penal). A melhor jurisprudência já se firmou no sentido de que não se pode permitir à Administração valer-se de sua própria torpeza, praticando contratos trabalhistas irregulares e inculcando ao trabalhador assim admitido a exclusiva responsabilidade pelo ato para cuja criação não houve o concurso do obreiro

que, de boa-fé, se fiou na licitude dos procedimentos adotados pelo ente público. O empregado, no caso, há de ser integralmente preservado em seus direitos trabalhistas, tanto os assegurados no curso do contrato como os decorrentes da rescisão. TRT 2ª R. – 8ª T. – Ac. n. 02980123395 – j. 9.3.1998 – DOE 24.3.1998 – Processo n. 02970164277.

A contratação de mão de obra ao arrepio do art. 37, II e IX, da Constituição Federal não afasta o reconhecimento do vínculo empregatício se presentes os requisitos do art. 3º da CLT. Com efeito, não pode o ente de Direito Público, que é quem deve dar o exemplo de cumprimento ao ordenamento constitucional, máxime em se tratando de normas basilares ali dispostas, socorrer-se a subterfúgios jurídicos para eximir-se das responsabilidades decorrentes do liame jurídico privado do contrato de trabalho, ignorando a sua existência. É certo que essa irregularidade revela má administração dos agentes administradores, porém o ente de Direito Público, na qualidade de empregador, é quem deve responder em face da Ação Trabalhista ajuizada, sem prejuízo da Ação Regressiva cabível na espécie. TRT 2ª R. – 3ª T. – Ac n. 02980105826 – j. 3.3.1998 – DOE 24.3.1998 – Processo n. 02970110304.

Não constitui violação ao dispositivo constitucional, nem decisão *contra legem* o reconhecimento de relação empregatícia celetista quando há admissão irregular de pessoal por fundação pública. A nulidade dos moldes da contratação ocorre via administrativa, não atingindo o **contrato realidade.** TRT 2ª R. – 7ª T. – Ac. n. 02980055047 – j. 2.2.1998 – DOE 6.3.1998 – Processo n. 02970122213.

Como sublinhamos, embora revestida de consistência, a posição não era unânime e, em sentido divergente, houve outros entendimentos, como, por exemplo, o que segue, no qual o Tribunal Superior do Trabalho posicionou-se sobre o assunto em entendimento que não acolhe a pretensão do empregado em face da administração pública: *O provimento de cargos ou empregos na administração pública pressupõe prévio ato de investidura ou admissão.* ***O contrato realidade não pode se sobrepor à ordem constitucional, consubstanciada na exigência de concurso público.*** *Desatendida esta exigência o contrato é nulo e os efeitos decorrentes desta nulidade são* ***ex tunc.*** TST. Acórdão n. 26.525.[171]

O Ministro Almir Pazzianotto Pinto, em decisão da 4ª Câmara do Tribunal Superior do Trabalho, no Processo TST-RR.81348/93.6, destacou que "(...) *o art. 37, II, da atual Constituição Federal contém preceito de ordem pública no tocante à investidura em cargo ou emprego público. Não cabe ao Poder Judiciário transformar os autores em servidores públicos se quando de suas admissões não foi cumprida exigência constitucional. (...)*"

A Orientação Jurisprudencial n. 85 da seção especializada em dissídios individuais do Tribunal Superior do Trabalho dispunha: "*Contrato nulo. Efeitos. Devido apenas o equivalente aos salários dos dias trabalhados.*"

O entendimento jurisprudencial passou a ser adotado pela seção especializada de dissídios individuais do Tribunal Superior do Trabalho, como se vê pelo acórdão relatado pelo Ministro Rider de Brito: A iterativa jurisprudência da Eg. SDI, deste Tribunal, é no sentido de ser nula a contratação de servidor público, após a promulgação da atual Carta Magna, sem prévia aprovação em concurso público, eis que contraria o disposto

(171) Nesse sentido os Acórdãos ns. 4.612/2001 e 4.629/2001 do TRT da 15ª R.

no art. 37, inciso II, da CF/88, gerando efeito apenas quanto ao pagamento do salário dos dias efetivamente trabalhados e não pagos. DJ 4.9.1998.

O Tribunal Superior do Trabalho, portanto, com base em diversos precedentes sobre o assunto e tendo em vista a relevância da matéria, por meio da Resolução n. 97/2000, converteu o entendimento esposado pela Orientação Jurisprudencial da seção especializada em dissídios individuais n. 85, na Súmula n. 363, que assim preconiza: "*Contrato nulo. Efeitos — A contratação de servidor público, após a Constituição de 1988, sem prévia aprovação em concurso público, encontra óbice no seu art. 37, II, e § 2º, somente conferindo-lhe direito ao pagamento dos dias efetivamente trabalhados segundo a contratação pactuada.*"

Assim, os contratos de trabalho, quando realizados com a administração pública, sem o prévio concurso público, são declarados nulos, e os efeitos dessa nulidade, contudo, levam em consideração a inspiração social que orienta a legislação trabalhista, ou seja, com efeito "*ex-tunc*", não atinge o salário efetivamente recebido no período, mesmo porque este se refere a força de trabalho já despendida pelo empregado e que não há como ser devolvida pelo empregador.

É evidente que o ato nulo não deve gerar nenhum efeito, mas a contratação efetuada pela administração pública, direta ou indireta, sem a observância do necessário concurso público, por se tratar de força e emprego do trabalho humano, o qual não há como ser devolvido para o empregado, e para não se acoroçoar o locupletamento sem causa por parte da Administração Pública, os efeitos da nulidade são declarados *ex-tunc*, mas garantindo ao trabalhador os salários devidos no período trabalhado.

É esse o entendimento do Tribunal Superior do Trabalho, que parece ter seguido as pegadas de Délio Maranhão, que assim leciona:

> *atingindo a nulidade o próprio contrato, segundo os princípios do direito comum, produziria a dissolução "externa" da relação. A nulidade do contrato, em princípio, retroage ao instante mesmo da sua formação. "Quod nullum est nullum effectum producit." Como consequência, as partes devem restituir tudo o que receberam, devem voltar ao* "status quo ante", *como se nunca tivessem contratado. Acontece, porém, que o contrato de trabalho é um contrato sucessivo, cujos efeitos, uma vez produzidos, não podem desaparecer retroativamente. Evidentemente, não pode o empregador "devolver" ao empregado a prestação de trabalho que este executou em virtude de um contrato nulo. Assim, não é possível aplicar-se, no caso, o princípio do efeito retroativo da nulidade. Daí por que os salários, que já foram pagos, não devem ser restituídos, correspondendo, como correspondem, à contraprestação definitivamente realizada. E se o empregador ainda não os pagou? O direito não admite que alguém possa enriquecer sem causa, em detrimento de outrem. Se o trabalho foi prestado, ainda que com base em um contrato nulo, o salário há de ser devido: o empregador obteve o proveito da prestação do empregado, que, sendo, por natureza, infungível,*

não pode ser 'restituída'. Impõe-se, por conseguinte, o pagamento da contraprestação equivalente, isto é, do salário para que não haja enriquecimento ilícito.[172]

Os ensinamentos do autor fazem coro com os entendimentos da Suprema Corte Trabalhista, como se depreende da Súmula n. 363.[173]

Por conter o dispositivo constitucional norma cogente, de caráter público e observância obrigatória, torna-se inaplicável o princípio da norma mais favorável, fazendo-se ressaltar nessa hipótese um caso em que a teoria do contrato realidade cede espaço, para dar lugar ao interesse público, prevalecendo o interesse coletivo em detrimento do interesse particular, sucumbindo-se o princípio protetor do Direito do Trabalho. A norma de ordem pública não comporta entendimentos diferentes, pois de outra forma haveria a subversão da ordem jurídica, que é o fundamento do Estado Democrático de Direito.

A regra, contudo, comporta exceções em nome do próprio interesse público, ao admitir a contratação por tempo determinado para atender a uma necessidade temporária e excepcional. Em função ainda dos diversos entendimentos que se permitiram desenvolver em nome da necessidade temporária de excepcional interesse público, foi editada a Lei n. 8.745 de 9.12.1993, que dispõe sobre a contratação por tempo determinado para atender a esse excepcional interesse público, e para regulamentar o comando esculpido no inciso IX do art. 37 da Constituição Federal, que diz: *a lei estabelecerá os casos de contratação por tempo determinado para atender a necessidade temporária de excepcional interesse público.*

Mas mesmo nesse sentido, e em função das interpretações espúrias de alguns incautos administradores públicos, o Judiciário trabalhista também tem-se posicionado de forma firme e restritiva: *A pretensão das autoras de verem transformados seus contratos temporários, de professoras, em prazo indeterminado, como se fosse celetista, encontra óbice intransponível nos dispositivos legais suprarreferidos. Quando se trate de Administração Pública, os princípios do* ***contrato realidade*** *e da norma mais favorável cedem passo, em face de norma constitucional cogente, de caráter público, de observância obrigatória, justamente porque o interesse coletivo se sobrepõe ao individual. TRT 15ª R. – 5ª T. – Ac. n. 649.098.*

8.5.8. Estágio

Estágio, vocábulo de origem francesa — *stage* — que em nossa língua tem diversos sentidos, mas quase todos designando uma "fase", uma "etapa". Do ponto de vista mecânico, estágio pode relacionar-se ao movimento do motor, ao tempo desse movimento, enfim, como forma de regular a máquina, ou seja, adequá-la para movimentos nas fases ou etapas programadas.

(172) MARANHÃO, Délio. *Instituições do direito do trabalho*. 15. ed. São Paulo: LTr. 1995. vol. I, p. 249.

(173) *"**CONTRATO NULO. EFEITOS**. A contratação de servidor público, após a Constituição de 1988, sem prévia aprovação em concurso público, encontra óbice no seu art. 37, II e § 2º, somente conferindo-lhe direito ao pagamento dos dias efetivamente trabalhados segundo a contraprestação pactuada."*

Interessa-nos aqui o seu sentido implementador da aprendizagem do trabalho humano, o seu sentido de "fase" ou "etapa" para o aprendizado profissional — viabilidade da vivência prática do aprendizado.

Nesse sentido é evidente também que ganha relevo o seu objetivo social, que é o fomento do aprendizado escolar se concretizando na vida prática, integrando-se ao tecido social para o qual o estagiário está sendo ou foi preparado.

A importância que muitos atribuíram ou atribuem a esse tipo de experiência para a formação profissional tornou conhecido o adágio popular de que "mais vale a prática do que a gramática".

A sabedoria popular, que traduz muitas verdades sociais, nesse aspecto deve ser aceita com algumas reservas, pois a sociedade se transformou bastante e como consequência da pós-modernidade, a prática realmente é de grande importância, contudo a maioria dos segmentos profissionais não prescinde de uma bagagem teórica, principalmente quando se fala na contenção da fadiga do material humano, como forma de fazer com que o trabalho na sociedade contemporânea não se alie ao seu sentido originário — castigo, dor — e sim ao seu sentido de libertação, transformação.

Uma vez preparado o elemento humano para o exercício da atividade profissional, torna-se imprescindível a oportunidade da aplicação de sua aprendizagem. Por ser um assunto de interesse social e para que não houvesse abusos da exploração desse atividade, foi editada a Lei n. 6.494/77, que dispunha sobre o estágio.(174)

O sentido da lei foi de regular a atividade de preparação profissional, para vedar abusos daqueles que, hipocritamente, em nome da caridade, tentam eximir-se da responsabilidade social de auxiliador da preparação do elemento profissional de interesse ao seu próprio segmento econômico, encobrindo, sob o manto do estágio, verdadeira relação de emprego ou estágios que se desviam de sua finalidade primeira.

O estagiário, portanto, deve estar regularmente matriculado em cursos de ensino, da rede pública ou particular, frequentá-los assiduamente e exercer suas funções em locais que possibilitem as condições de proporcionar a experiência prática na sua linha de formação.

A atividade de estágio tem a finalidade de propiciar a necessária complementação, no sentido da prática, do ensino e da aprendizagem, devendo ser planejado, executado, acompanhado e avaliado. Para que tudo isso se perpetue dentro da finalidade social e pedagógica, sua efetiva realização deve ser precedida de termo de compromisso tripartite, envolvendo o estudante — como fornecedor do conhecimento teórico a ser experimentado — a entidade pública ou privada — fornecedora da oportunidade da experiência prática — e a interveniência obrigatória da instituição de ensino.

O art. 4º da Lei n. 6.494/77, frisava que "*o estágio não cria vínculo empregatício de qualquer natureza e o estagiário poderá receber bolsa, ou outra forma de contraprestação*

(174) Revogada pela Lei n. 11.788/08 de 25.9.2008.

que venha a ser acordada, ressalvado o que dispuser a legislação previdenciária, devendo o estudante, em qualquer hipótese, estar segurado contra acidentes pessoais".

A mesma previsão de vedação de formação do vínculo empregatício encontramos no art. 6º do Decreto n. 87.497/82, que também traz em seu art. 2º a definição legal de estágio curricular, como sendo "*as atividades de aprendizagem social, profissional e cultural, proporcionadas ao estudante pela participação em situações reais da vida e trabalho de seu meio, sendo realizado na comunidade em geral ou junto a pessoas jurídicas de direito público ou privado, sob a responsabilidade e coordenação de instituição de ensino*".

Desviada a finalidade do contrato, que visa à aprendizagem profissional, por força do art. 9º da CLT que preceitua ser nulo o ato que objetive impedir a aplicação da legislação do trabalho, a relação poderá afastar-se da vedação legal da formação do vínculo empregatício.

> **ESTÁGIO. LEI N. 6.494-77. REQUISITOS FORMAIS.** Como o contrato de trabalho, o estágio deve ser interpretado dentro de uma realidade prática. Leva-se em consideração a vontade das partes, mas observa-se o que de ordinário acontece, isto é, se o estudante está submetido a um aprendizado que possibilite melhores condições de enfrentar o mercado de trabalho. O não cumprimento de aspectos formais, como o acompanhamento do estágio pela instituição de ensino, não o desnatura frente à empresa cedente, posto que não é sua obrigação. Deve-se perquirir se houve aprendizado, se o estudante se beneficiou, granjeando conhecimentos para o exercício futuro de sua profissão. Se isso aconteceu, configura-se o estágio. Caso contrário, exercendo atividades primárias e rotineiras, configura-se o vínculo de emprego. TRT-PR – 2ª T – RO n. 5.619-91 – Ac. n. 325-93 – Rel. Juiz José Montenegro Antero – TRT 15.1.1993.

> O contrato de estágio é uma exceção, e como tal deve ser tratado. Na medida em que o Reclamado transfigurou a exceção em regra geral e predominante, desvirtuou deliberadamente as regras legais que protegem esta especial modalidade de contratação. O contrato de trabalho é um **contrato realidade**, que se forma e se aperfeiçoa independentemente da manifestação expressa da vontade de uma das partes. Incontroversamente provados os requisitos da relação de emprego, impõe-se a nulidade do termo de compromisso de estágio e consequente reconhecimento do vínculo empregatício. TRT-PR – 5ª T. – RO n. 3.795-94 – Ac. n. 16.724-95 –TRT 7.7.1995.

O estágio, portanto, até o advento da Lei n. 11.788/08 de 25.9.2008, era o realizado de acordo com a Lei n. 6.494/77, regulamentada pelo Decreto n. 87.497/82.

8.5.9. Trabalho do menor

8.5.9.a. Considerações gerais

Outro tipo de trabalho que ganha relevo social é o trabalho que envolve a mão de obra do menor, considerando que em alguns casos pode ter o caráter de aprendizagem, porém distanciando-se do estágio visto anteriormente (item 8.5.8).

Em certos casos pode ter o caráter social de socorro aos menores carentes, para tirá-los da rua e encaminhá-los a uma integração social, por meio da atividade profissional. Em outros casos podemos até mesmo constatar ser esse tipo de trabalho a única fonte de renda da família.

O importante é que em todas as alternativas possíveis, que envolvam a mão de obra de menor, deve-se ter sempre em mira o seu sentido social e a condição fisiológica do ser humano no seu estágio de formação física e psicológica. Dessa forma, deve ser repudiado todo e qualquer tipo de exploração.

8.5.9.b. Definição

O Direito Civil classifica a capacidade jurídica de forma distinta: o capaz, o relativamente incapaz e o absolutamente incapaz. A capacidade jurídica civil atinge-se com a maioridade, ao completar 18 anos. Antes dessa idade (dos 16 aos 18 anos), a pessoa é relativamente incapaz para os atos da vida civil, ao passo que o menor de 16 anos é absolutamente incapaz. Essas questões são postas de forma sintética, mas não podemos nos esquecer de que num passado recente — antes da Constituição da 1988 —, havia ainda outra classificação quanto à capacidade da mulher.

A capacidade jurídica, contudo, suscita algumas reflexões, considerando o seu tratamento diferenciado no campo do Direito. A capacidade jurídica civil diferencia-se do tratamento dado pelo Direito Penal, Direito do Trabalho e pelo Estatuto da Criança e do Adolescente.

Com frequência assistimos a críticas aos sistemas da capacidade jurídica, tais como atribuir capacidade a um jovem de 16 anos para votar, sem, contudo, poder processá-lo, nem mesmo por eventuais crimes eleitorais. A questão da menoridade penal é tema frequente de discussão, havendo quem defenda a sua redução. Todas são questões sociais para as quais o mundo jurídico deve estar sensível e atento.

No campo do Direito do Trabalho, a crítica está ligada à menoridade para o emprego. A CLT dedicou um capítulo especial à tutela do trabalho do menor (capítulo IV), definindo-o, em seu art. 402 do texto original, como sendo o menor de 18 anos: "*O trabalho do menor de 18 anos reger-se-á pelas disposições do presente Capítulo, exceto no serviço em oficinas em que trabalhem exclusivamente pessoas da família do menor e esteja este sob a direção do pai, mãe ou tutor.*"

Dessa forma, com o advento do estatuto obreiro, menor, para efeito trabalhista, era todo trabalhador com idade inferior a 18 anos, sem estabelecer o dispositivo a idade mínima para o trabalho.

A Constituição Federal de 1937 trazia em seu art. 135, letra "*k*", a "*proibição de trabalho a menores de catorze anos; de trabalho noturno a menores de dezesseis anos, e, em indústrias insalubres, a menores de dezoito anos e a mulheres*".

Dessa forma, é crível considerar como sendo a idade mínima para o trabalho, na época, 14 anos. Corrobora com essa assertiva o disposto no parágrafo único do art. 80, ao regular o trabalho do aprendiz. "*Tratando-se de menores aprendizes, poderão as Comissões fixar o seu salário até em metade do salário mínimo normal da região, zona ou subzona. Parágrafo Único. Considera-se aprendiz o trabalhador menor de 18 e maior de 14 anos, sujeito à formação profissional metódica do ofício em que exerça o seu trabalho.*"

A Constituição Federal de 1946 trouxe em seu art. 157, inciso IX, novo tratamento em relação ao trabalho do menor: "proibição" de trabalho a menores de catorze anos; em indústrias insalubres, a mulheres e a menores de dezoito anos; e de trabalho noturno a menores de 18 anos, respeitadas, em qualquer caso, as condições estabelecidas em lei e as exceções admitidas pelo Juiz competente.

O art. 80 da CLT foi alterado por meio do Decreto n. 229/67, passando a ser do seguinte teor: *"Ao menor aprendiz será pago salário nunca inferior a ½ (meio) salário mínimo regional durante a primeira metade da duração máxima prevista para o aprendizado do respectivo ofício. Na segunda metade passará a perceber, pelo menos, 2/3 (dois terços) do salário mínimo. Parágrafo Único. Considera-se aprendiz o menor de 12 (doze) a 18 (dezoito) anos, sujeito à formação profissional metódica do ofício em que exerça o seu trabalho."*

A questão do salário mínimo foi ponto de discórdia na doutrina e jurisprudência trabalhista por muito tempo: O empregado menor presume-se aprendiz, até prova em contrário, porque é no trabalho que ele aprende o ofício. TRT – 1ª R. – Ac. de 27.7.1953 – DJ de 9.10.1953.[175] Não sendo o menor aprendiz, tem direito ao salário mínimo integral. TRT – 1ª R. – Ac. de 3.12.1952 – DJ 23.1.1953.[176]

O Tribunal Superior do Trabalho, diante dos seus diversos precedentes (Ex-Prejulgado n. 5) posicionou-se sobre o assunto por meio da sua Súmula n. 134, em outubro de 1982, adotando o seguinte entendimento: ***MENOR NÃO APRENDIZ. SALÁRIO MÍNIMO INTEGRAL.*** *Ao menor não aprendiz é devido o salário mínimo integral. Todavia,* a Súmula foi cancelada em outubro de 2003, por meio da Resolução n. 121, porque a questão hoje encontra-se superada com o advento da Constituição de 1988 que, em seu art. 7º, inciso XXXIII, trouxe, originalmente, a seguinte redação: *"proibição de trabalho noturno, perigoso ou insalubre aos menores de dezoito e de qualquer trabalho a menores de quatorze anos, salvo na condição de aprendiz ."*

Esse inciso teve a sua redação alterada pela Emenda Constitucional n. 20 de 15.12.1998, passando a ter a seguinte redação: *"proibição de trabalho noturno, perigoso ou insalubre aos menores de dezoito e de qualquer trabalho a menores de dezesseis anos, salvo na condição de aprendiz, a partir de quatorze anos."*

Nesse passo de evolução legislativa, a Lei n. 10.097/00 (de 19.12.2000) revogou o art. 80 e deu nova redação aos arts. 402 e 403 da CLT, passando, a partir dessa data, a dar nova definição legal de menor, para efeito do Direito do Trabalho, como sendo o trabalhador de 14 a 18 anos. Contudo, e de acordo com o art. 403, embora a definição legal designe o menor como sendo o trabalhador com idade entre quatorze e dezoito anos, é vedado o seu trabalho antes de completar 16 anos de idade, ressalvada a condição de aprendiz, bem como a sua realização, em qualquer caso, em locais prejudiciais à sua formação e ao seu desenvolvimento, quer seja físico, psíquico, moral ou social. Deve viabilizar ainda a frequência escolar.[177]

(175) BRANDÃO, Alonso Caldas. Ob. loc. cit.

(176) BRANDÃO, Alonso Caldas. Ob. loc. cit.

(177) Curial destacar que o art. 80 da CLT, revogado pela Lei n. 10.097/00, já havia sido revogado anteriormente

Dessa forma podemos conceituar o trabalho do menor em dois tipos, o do menor e o do menor aprendiz, aquele, com idade entre dezesseis e dezoito anos, e este, com idade entre quatorze e dezesseis anos, desde que na condição de aprendiz.

8.5.9.c. Bosquejo histórico

Com relação ao trabalho do menor, já destacamos ser uma das preocupações da Doutrina Social Cristã e ganhou relevo no campo social.

À medida que o trabalho foi remodelando o seu conceito, vários pontos tiveram que ser repensados, tendo ganho especial atenção a proteção ao trabalho do menor.

A Convenção n. 5 da OIT, em seu art. 2º, já previa: "*As crianças menores de 14 anos não poderão ser empregados, nem poderão trabalhar em empresas, em indústrias públicas ou privadas ou em suas dependências, com exceção daquelas em que unicamente estejam empregados os membros de uma mesma família.*"[(178)]

A Convenção n. 138 prevê em seu art. 3º que a idade mínima não poderá ser inferior a 18 anos.[(179)] O assunto mereceu destaque também no plano do Direito Comunitário, que na Declaração Sociolaboral do Mercosul, em seu art. 6º, prevê:

> *A idade mínima de admissão ao trabalho será aquela estabelecida conforme as legislações dos Estados Partes, não podendo ser inferior àquela em que cessa a escolaridade obrigatória. Os Estados Partes comprometem-se a adotar políticas e ações que conduzam à abolição do trabalho infantil e à elevação progressiva da idade mínima para ingressar no mercado de trabalho. O trabalho dos menores será objeto de proteção especial pelos Estados Partes, especialmente no que concerne à idade mínima para o ingresso no mercado de trabalho e a outras medidas que possibilitem seu pleno desenvolvimento físico, intelectual, profissional e moral. A jornada de trabalho para esses menores, limitada conforme as legislações nacionais, não admitirá sua extensão mediante a realização de horas extras nem em seu horário noturno. O trabalho dos menores não deverá realizar-se em um ambiente insalubre, perigoso ou imoral, que possa afetar o pleno desenvolvimento de suas faculdades físicas, mentais e morais. A idade mínima de admissão a um trabalho com alguma das características antes assinaladas não poderá ser inferior a 18 anos.*

Adotamos observação feita por Sergio Pinto Martins, que preconiza: "*a tutela do trabalho do menor se evidencia no momento em que o trabalho interfere na sua formação moral, física, cultural etc. (...) Inexistindo disposição especial em relação ao menor, aplica-se a regra geral referente ao empregado comum.*"[(180)]

A ordem constitucional atual, contemplando a visão social e os princípios estabelecidos pela cultura cristã, com os objetivos de tutela ao trabalho do menor, privilegia a

---

pela Lei n. 5.274/67, de 24.4.1967 (DOU de 26.4.1967), tendo sido restabelecido (efeito repristinatório), em seu inteiro teor, com a Lei n. 6.086/74, de 15.5.1974 (DOU) de 16.7.1974, que revogou a Lei n. 5.274/67.

(178) Convenção aprovada na 1ª reunião da Conferência Internacional de 1919 (Washington), entrou em vigor no plano internacional em 13.6.1921. No Brasil entrou em vigor com o Decreto n. 423/35, promulgado em 12.11.1935.

(179) Aprovada na 58ª Reunião da Conferência Internacional do Trabalho, 1973 — Genebra.

(180) MARTINS, Sergio Pinto. *Comentários à CLT*. 2. ed. São Paulo: Atlas, 1999. p. 331-332.

tese do menor na escola e não no trabalho, contudo tal posição, para alguns, poderá contribuir para a facilitação do aumento dos índices de menores desocupados nas ruas, que, por via oblíqua, poderá contribuir para o consequente aumento da prática do uso de drogas, e o fomento do surgimento e crescimento do índice de delitos praticados por menores. Perseguindo esse raciocínio, torna-se preferível privilegiar o trabalho, sem furtá-los também dos estudos.

Caminhando nesse sentido, aparecem as instituições sociais que objetivam o reforço escolar e encaminhamento profissional.

Esse tipo de atividade social, contudo, parece ter recebido tratamento diferenciado pela jurisprudência trabalhista:

> A lei não faz diferenciação entre empregados pertencentes ou não às guardas-mirins, isto é, aqueles amparados por instituições públicas de assistência ao menor carente, quando cedidos a empresas privadas ou repartições públicas para efeito da percepção de direitos trabalhistas. TRT-PR – 2ª T. – RO n. 1.378-89 – Ac. n. 1.986-90– TRT 27.4.1990.
>
> Não estando a reclamante subordinada a qualquer programa de formação profissional, trabalhando em horário normal e desempenhando tarefa sem especialização, o convênio com a Guarda-Mirim Feminina de Umuarama perde consistência em face da ausência de condição essencial à caracterização de menor assistido, no período. Em consequência, enquadra-se, a recorrente, no polo passivo da reclamação trabalhista vertente. TRT-PR – 1ª T. – RO n. 2.390-91 – Ac. n. 4.486-92 –TRT 19.6.1992.

Em sentido contrário encontramos entendimento que agasalha a tese da necessidade de proteção ao menor, num sentido social mais ampliativo, que, embora não reconheça os direitos trabalhistas, não deixa de reconhecer o direito do menor a uma oportunidade de trabalho social e educativo.

> Diante da realidade socioeconômica nacional, inevitável reconhecer-se que as entidades que prestam serviços filantrópicos, promocionais, sem fins lucrativos desempenham papel importante no cenário de desemprego, exclusão e miséria que se delineia, não podendo ser dado a elas o mesmo tratamento legal dispensado às atividades com finalidade eminentemente econômica. Assim, uma vez sendo firmado contrato com menor, com o fim exclusivo de ser colocado em situações de estágio, percebendo bolsa e outros benefícios, não se pode aplicar a ele extensivamente a proteção ínsita ao Direito Laboral, não havendo que se falar em relação de emprego entre as partes envolvidas, seja entre o menor e a entidade assistencial, seja entre ele e a tomadora. TRT 15ª R. – Ac. n. 024613/2000/SPAJ – RO n. 008.347/1999 – ROS-2 – rel. Luís Carlos Cândido Martins Sotero da Silva.

Filiamo-nos ao entendimento do juiz Luís Carlos Cândido Martins Sotero da Silva, acrescentando às suas falas as circunstâncias do alto índice de menores com idade entre 14 a 18 anos, com propensão ao crescimento, em detrimento de uma legislação, como visto, que tende, em nome da proteção do próprio menor, caminhar para uma limitação de idade para o seu ingresso ao trabalho, o que acaba por excluí-los do mercado. É ainda nas lavras deste mesmo Juiz que encontramos a copiosa afirmação:

O Direito do Trabalho não pode deixar de levar em conta as situações socioeconômicas que formam a nossa realidade nacional, devendo acompanhar as novas circunstâncias fáticas, pois o direito não pode ignorar a realidade, pois do contrário a realidade passa a ignorar o direito.

Cumpre finalmente esclarecer que, inobservados os princípios sociais que motivam a criação e manutenção dessas instituições, por força da teoria do contrato realidade, a relação de emprego estará sempre presente.

> Embora altamente plausível a filosofia relacionada à guarda-mirim, não se pode admitir que, sob esse manto, venha a se validar exploração de mão de obra com o objetivo de suprir necessidades essenciais de Bancos ou outras empresas, mediante o aproveitamento da prestação de serviços em atividades mais complexas e atinentes à categoria bancária, resultando em autêntico enriquecimento ilícito, ante as vantagens inerentes ao labor prestado e ausência de pagamento das vantagens correspondentes à atividade desenvolvida, gerando, ainda, déficit de emprego no setor. TRT-PR – 3ª T. – RO n. 9.113-97 – Ac. n. 8.004-98– TRT n. 24.4.1998.
>
> Não há que se falar em contrato de trabalho de aprendiz, quando olvidados os requisitos para sua validade, tais como anotação na CTPS, e, principalmente, questão essencial e imprescindível, a ausência de formação metódica em ofício e ocupação. TRT 15ª R. – Ac. n. 25.336/99 – RO n. 15.313/98-3.

Referências Bibliográficas

ALBORNOZ, Suzana. *O que é o trabalho.* 6. ed. São Paulo: Brasiliense, 1994.

BERNARDES, Hugo Gueiros; COUTO MACIEL, José Alberto; RESENDE, José Mario e outros. *O contrato de trabalho e sua alteração.* 2. ed. São Paulo: LTr, 1986.

BEVILÁQUA, Clóvis. *Código Civil dos Estados Unidos do Brasil.* 6. tit. Rio de Janeiro: Editora Rio, vol. IV, p. 36.

BEVILÁQUA, Clóvis. *Teoria geral do direito.* Rio de Janeiro: Sociedade Cultural, 1977.

CARMINO, Carmem. *Direito individual do trabalho.* 2. ed. São Paulo: Síntese, 1999.

CARMO, Paulo Sérgio do. *A ideologia do trabalho.* São Paulo: Moderna, 1998..

CARMO, Paulo Sérgio do. *História e ética do trabalho no Brasil.* São Paulo: Moderna, 1998.

CATHARINO, José Martins. *Compêndio de Direito do Trabalho.* V. I, 3. ed. São Paulo: Saraiva.

CUEVA, Mario De La. *Derecho Mexicano del Trabajo.* 5. ed. Mexico: Porrua, 1960.

CUEVA, Mario De La. *El nuevo derecho mexicano del trabajo.* 4. ed. México: Porrúa, 1977.

DE MASI, Domenico. *Desenvolvimento sem trabalho.* São Paulo: Esferapg, 1999.

DECCA, Edgar Salvadori de. *O nascimento das fábricas.* 10. ed. São Paulo: Brasiliense, 1995.

DENNY, Ercílio A. *Ética & sociedade.* São Paulo: OpiniãoE, 2001.

DENNY, Ercílio A. O homem e o trabalho. In: *Jornal de Piracicaba*, 29 abr. 2001.

DINIZ, Maria Helena. *Código Civil anotado.* 6. ed. São Paulo: Saraiva, 2000.

FERRARI, Irany. *História do trabalho, do Direito do Trabalho e da Justiça do Trabalho.* São Paulo: LTr, 1998.

FRIEDMANN, Georges. *Tratado de sociologia do trabalho.* São Paulo: Cultrix, 1973. v. I.

FÜHRER, Maxilianus Cláudio Américo. *Resumo de direito comercial.* 17. ed. São Paulo: Malheiros.

GIGLIO, Wagner D. *Direito e processo do trabalho.* 10. ed. São Paulo: Saraiva, 1997.

GOMES, Orlando. *Curso de Direito do Trabalho.* Rio de Janeiro: Forense. 1998.

HOBSBAWM, Eric J. *Mundos do trabalho.* Novos estudos sobre a história operária. 2. ed. São Paulo: Paz e Terra.

MARANHÃO, Délio. *Instituições do Direito do Trabalho.* 15. ed. São Paulo: LTr. vol. I.

MARTINS FILHO, Ives Gandra da Silva. *Manual esquemático de direito e processo do trabalho.* 7. ed. São Paulo: Saraiva, 1998.

MARTINS, Sergio Pinto. *Comentários à CLT.* 2. ed. São Paulo: Atlas, 1999.

MARTINS, Sergio Pinto. *Curso de Direito do Trabalho.* 2. ed. São Paulo: Dialética, 1999.

MEIRELLES, Hely Lopes. *Direito municipal brasileiro.* 9. ed. São Paulo: Malheiros, 1997.

MONTEIRO, Washington de Barros. *Curso de direito civil.* 18. ed. São Paulo: Saraiva, 1983.

MORAES FILHO, Evaristo de. *Introdução ao Direito do Trabalho*. São Paulo: LTr, 1971.

NASCIMENTO, Amauri Mascaro. *Contrato de trabalho*. São Paulo: LTr, 1970.

NASCIMENTO, Amauri mascaro. *Fundamentos do Direito do Trabalho*. São Paulo: LTr, 1970.

NASCIMENTO, Amauri Mascaro. *Iniciação do Direito do Trabalho*. 25. ed. São Paulo: LTr.

OLIVEIRA, Francisco Antonio de. *Revista Nacional de Direito do Trabalho*. São Paulo: Nacional de Direito, 37. p. 13-19.

OLIVEIRA, Francisco Antonio. *Comentários aos enunciados do TST*. 3. ed. São Paulo: RT.

OUTHWAITE, Willian e outros (Orgs.). *Dicionário do pensamento Social do século XX*. São Paulo: Jorge Zahar.

PEDREIRA, Pinho. *Revista Jurídica do Trabalho*, Salvador/Lisboa: ano 1, abr./jun. 1988, p. 93.

RERUM NOVARUM — Encíclica do papa Leão XIII, de 15 de maio de 1891, do latim "Das Coisas Novas", sendo a primeira sobre o trabalho, tendo como subtítulo "sobre a condição dos operários."

RICHERS, Raimar. *O que é empresa*. São Paulo: Brasiliense, 1986.

RODRIGUES PINTO, José Augusto. *Curso de direito individual do trabalho*. 3. ed. São Paulo: LTr, 1997.

RODRIGUES PINTO, José Augusto. *Direito sindical e coletivo do trabalho*. São Paulo: LTr, 1998.

SHEINEIDER, João Elmo. *Cooperativistas agrícolas e capitalismo no Brasil*. São Paulo: Cortes. 1981.

THOMPSON, Edward P. *Tradición, revuelta y consciencia de classe*. Barcelona: Editora Crítica, 1989.

VIANNA, Segadas. *Instituições de Direito do Trabalho*. 15. ed. São Paulo: LTr. vol. 1.

Produção Gráfica e Editoração Eletrônica: Peter Fritz Strotbek
Projeto de Capa: Fabio Giglio
Impressão: Digital Page